Yvonne Schleicher / Karsten Jonas

Fundgrube
Erdkunde

Kostenloses Zusatzangebot
für die Käufer der Fundgrube:
Kopiervorlagen und Materialien im Internet

Kopiervorlagen und Materialien dieser Fundgrube bieten wir Ihnen als
kostenloses Zusatzangebot auch online an.

Sie können diese Materialien und Kopiervorlagen verändern und Ihren
Bedürfnissen anpassen, da diese im Word-Format angelegt sind.

Als Bonus stehen Ihnen online weitere ausgewählte Cornelsen-Materialien
für Ihre Unterrichtsvorbereitung kostenfrei zur Verfügung.

Wie finden Sie diese editierbaren Versionen der Kopiervorlagen?
Rufen Sie einfach die Internetseite www.cornelsen.de/fundgruben auf
und geben Sie dort Ihren unten genannten Webcode ein. Sie werden
dann unmittelbar zu den Materialien weitergeleitet.

 http://www.cornelsen.de/fundgruben

Ihr Webcode für den Zugriff auf das Material: FGEK221837

Yvonne Schleicher lehrt seit 2004 als Professorin Geographie und ihre Didaktik an der Pädagogischen Hochschule Weingarten (Baden-Württemberg). Zuvor hat sie an Realschulen die Fächer Geographie, Wirtschaftslehre, Rechnungswesen und Informatik unterrichtet und war als wissenschaftliche Assistentin am Lehrstuhl für Didaktik der Geographie an der Universität Erlangen-Nürnberg tätig.

Karsten Jonas unterrichtet seit mehreren Jahren die Fächer Deutsch und Erdkunde an der Integrierten Gesamtschule Bad Oldesloe (Schleswig-Holstein). Außerdem ist er am Institut für Qualitätsentwicklung an Schulen Schleswig-Holstein (IQSH) als Aus- und Fortbilder für Lehrkräfte tätig. Sein Arbeitsschwerpunkt ist die Nutzung neuer Medien.

Yvonne Schleicher/
Karsten Jonas

Fundgrube
Erdkunde

[NEUE AUSGABE]

Die in diesem Werk angegebenen Internetadressen haben wir überprüft (Redaktionsschluss 15.01.2007). Dennoch können wir nicht ausschließen, dass unter einer solchen Adresse inzwischen ein ganz anderer Inhalt angeboten wird.

 http://www.cornelsen.de

Bibliografische Information: Die Deutsche Bibliothek verzeichnet diese Publikation in der Deutschen Nationalbibliografie; detaillierte bibliografische Daten sind im Internet über http://dnb.ddb.de abrufbar.

Dieser Band folgt den Regeln der deutschen Rechtschreibung, die seit August 2006 gelten.

5.	4.	3.	2.	1.	Die letzten Ziffern bezeichnen
11	10	09	08	07	Zahl und Jahr der Auflage.

Redaktion: Maria Bley, Baldham
Umschlagentwurf: Simone Büchner, Berlin,
unter Verwendung einer Zeichnung von Klaus Puth, Mühlheim
Zeichnungen: Rainer J. Fischer, Berlin
Layout und Satz: Fromm MediaDesign, Selters/Ts.
Druck und Bindearbeiten: Clausen & Bosse, Leck
Printed in Germany
ISBN 978-3-589-22183-7

 Gedruckt auf säurefreiem Papier,
umweltschonend hergestellt aus chlorfrei gebleichten Faserstoffen.

Inhalt

Vorwort

Diese völlig neu erarbeitete Ausgabe der *Erdkunde-Fundgrube* verfolgt wie die bisherige Ausgabe die Idee, Ihnen neue Impulse für Ihren Geographieunterricht anzubieten. Die Neuausgabe ist dabei als zweiter Band zu begreifen, der die zahlreichen inhaltlichen, methodischen und technischen Neuerungen der letzten Jahre aufgreift und die erste Ausgabe somit ergänzt.

Auch diese neue Fundgrube bietet Ihnen erprobte Materialien, Beispielaufgaben und Arbeitsanregungen, Hintergrundwissen und Hinweise auf weitere Materialquellen für die Sekundarstufe I und II. Die Unterrichtsanregungen können klassenstufen- und schulartübergreifend eingesetzt werden. Im Anhang dieses Buches finden Sie eine Übersicht, die Aufschluss darüber gibt, welcher Sekundarstufe die jeweiligen Vorschläge zuzuordnen sind.

Die Verankerung der Ideen für die Unterrichtsgestaltung ist über die Intention (Interesse, Abwechslung), das Thema (Topographie, Kartenarbeit), die Methode (geographische Arbeitsweisen, Standortarbeit) und auch über das Medium (z.B. digitale Medien) möglich. Entsprechend sind die Unterrichtsanregungen diesen Themenschwerpunkten zugeordnet.

Viele Anregungen und methodische Kniffe eignen sich zudem für den Einsatz in anderen Fächern oder als Ideen für fächerübergreifende Projekte – von der Feldarbeit bis hin zum E-Learning.

An dieser Stelle ein Hinweis zur Benennung des Faches: Im akademischen Umfeld ist Geographie die übliche Fachbezeichnung. Auch in Schulbüchern und an den Schulen setzt sich die Bezeichnung Geographie immer mehr durch, die den Akzent auf das moderne, wissenschaftsorientierte Fach legt. Im schulischen Umfeld ist aber auch die Bezeichnung Erdkunde immer noch sehr verbreitet. Wir verwenden im Buch durchgängig die Bezeichnung Geographie, im Titel Erdkunde – und lassen damit beides gelten.

Yvonne Schleicher und Karsten Jonas

1 Interessant unterrichten

Yvonne Schleicher

Natürlich wünschen wir uns, dass jede Unterrichtsstunde sowohl für die Schüler als auch für uns Lehrer interessant ist. Deshalb ist es sinnvoll, von Zeit zu Zeit die Abfolge der einzelnen Stunden auf Interessantheit hin zu überprüfen. Allerdings wäre es fahrlässig, den Unterricht nur nach den Wünschen und Vorlieben der Schüler auszurichten. Genauso wenig kann jede Unterrichtssequenz mit der idealen Abfolge von schülerorientierten Themen, bevorzugten Regionen, attraktiven Arbeitsweisen und beliebten Medien durchgeführt werden. Das übersteigt die gegebenen Möglichkeiten und führt unweigerlich auch bei den Schülern zu Ermüdungseffekten, wenn z.B. die Arbeit mit digitalen Medien, Filmen und Experimenten in jeder Unterrichtsstunde im Zentrum steht.

Abwechslung ist – nicht nur in diesem Zusammenhang – eines der bekannten Erfolgsgeheimnisse (→ Kapitel 2). Ein anderes ist die Individualisierung des Unterrichts durch Berücksichtigung des Vorwissens und der Interessen der Schüler. Dazu sollen wir im Unterricht unsere Schüler dort abholen, wo sie gerade stehen. Doch wo stehen unsere Schüler eigentlich? Wächst für sie Baumwolle auf Bäumen? Kommt der Kakao von braunen Kühen und sind Wüsten immer aus Sand?

Die Vorschläge in diesem Kapitel sollen dazu anregen, die Interessen und auch das Vorwissen der Schüler stärker in die Unterrichtsplanung einzubeziehen.

> They may forget what you said, but they will never forget how you made them feel.
>
> *Carl W. Buechner*

1.1 Geschlechtsspezifische Interessen ermitteln

Bei der Unterrichtsplanung und der Auswahl von Themen zeigen Mädchen und Jungen unterschiedliche thematische Vorlieben. Das haben Untersuchungen zum „geographischen Interesse" von Jugendlichen gezeigt. Die nachfolgende Abbildung zeigt generelle Unterschiede bei den Interessenschwerpunkten von Jungen und Mädchen. Geographiedidaktiker empfehlen, im konkreten Prozess der Unterrichtsplanung diese allgemeinen Interessenfelder im Hinblick auf die konkrete Unterrichtsplanung zu spezifizieren. So kann z. B. vor der Durchführung einer Unterrichtssequenz gemeinsam mit der Klasse das jeweilige Interesse am Thema oder an der zu behandelnden Region ermittelt und – sofern möglich – in den Unterricht mit einbezogen werden. Dazu lassen sich Fragebögen entwickeln, die das unterschiedliche Interesse an den möglichen Facetten eines Themas erfassen. Beispiele für solche Fragebögen finden Sie auf Seite 26 und 27.

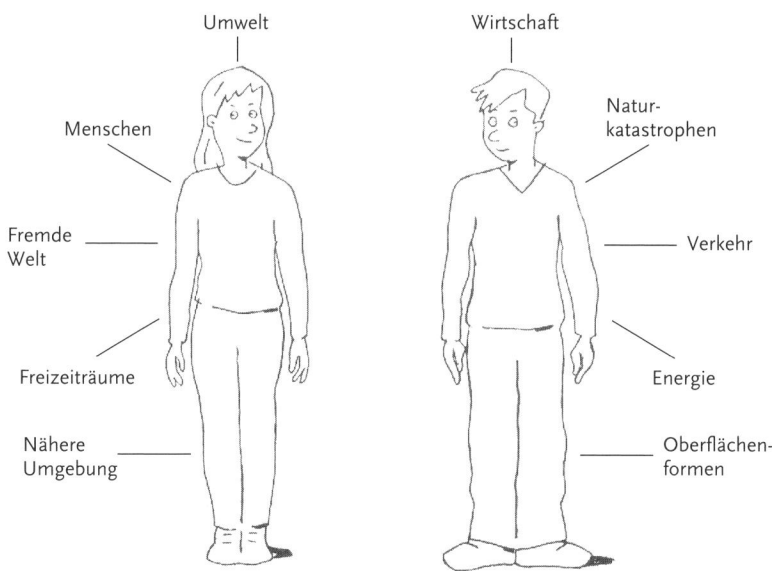

Geographische Interessenschwerpunkte von Jungen und Mädchen (nach Obermaier *1997, S. 4)*

1.2 Interessanter Unterricht: Check-up

Bestehende Unterrichtssequenzen sollten im Laufe der Jahre hin und wieder ein „Update" erhalten. Neben neuen Daten, Themen und Methoden kann auch folgende Überlegung hilfreich sein: Wie kann ich meinen Unterricht für Schüler interessanter gestalten?

Kriterien für interessanten Unterricht

Die Geographiedidaktiker INGRID und MICHAEL HEMMER, die sich in ihren Forschungsarbeiten mit der oben genannten Frage auseinandersetzen, haben einen Katalog von Kriterien für interessanten Unterricht erstellt. Überprüfen Sie doch damit einmal eine Ihrer „fertigen" Unterrichtseinheiten im Hinblick auf ihre Interessantheit. Wie das aussehen kann, soll hier exemplarisch am Beispiel der „klassischen" Unterrichtsstunde zur Verlandung des Aralsees gezeigt werden (vgl. HEMMER/HEMMER 2002).

Problemorientierung im Unterricht

Bezogen auf das Thema Aralsee kann die Fragestellung z.B. lauten: Weshalb breiten sich die Wüsten auf der Erde immer weiter aus, obwohl die Ursachen dafür bekannt sind und technisches Know-how die Ausbreitung stoppen könnte?

Ganzheitliches Herangehen an Gegenstandsbereiche des Unterrichts

Das Thema Landwirtschaft (Baumwollanbau) wird nicht mehr nur mit einer einseitigen Betrachtungsweise (z.B. Bewässerungsfeldbau in Trockenräumen) behandelt, sondern es wird das gesamte Spannungsfeld von Ökonomie, Ökologie und sozialen Auswirkungen betrachtet.

Personenbezogene Behandlung von Themen

Wie leben die Jugendlichen in der behandelten Region? Ergänzend zu einer formalen Betrachtung von demographischen Fakten (Lebenserwartung, Geburtenrate, Kindersterblichkeit, Alphabetisierungsrate …) kann die Vorstellung der Lebenswelten von Gleichaltrigen Interesse wecken.

Lebensalltag in der behandelten Region

Der Lebensalltag von Menschen in der zu behandelnden Region ist für Schülerinnen und Schüler besonders interessant: Wie verläuft eine Woche bei Menschen in anderen Kulturräumen (Beispiel: Baumwollbauern in Usbekistan)?

Anknüpfen an die Lebenswirklichkeit

Durch das Anknüpfen an die Lebenswirklichkeit in der behandelten Region kann das Thema (z. B. Investition in fortschrittlichere Methoden der künstlichen Bewässerung von Baumwollfeldern) im Gesamtzusammenhang betrachtet werden.

Geschlechterdifferenzierte Sichtweise

Die unterschiedliche Rolle der Frau in verschiedenen Gesellschaften kann Anlass zur Behandlung im Unterricht sein.

Lebensnähe im Unterricht

Viele Themen erscheinen aus der Sicht ausgebildeter Geographen mit großer Selbstverständlichkeit wichtig und interessant. Um aber den Schülern das Wissen über Baumwollanbau und Desertifikation als für ihr Leben relevant vorzustellen, bedarf es schon einer entsprechenden „Einbettung": Auch wenn die Baumwollfeder in Usbekistan weit entfernt sind, trägt doch jeder Schüler Baumwollkleidung und hat somit eine direkte Verbindung zum Thema.

Umweltaspekte und Gesundheit im Unterricht

In Untersuchungen wurde häufig ein Anstieg des Interesses festgestellt, wenn bei der Behandlung von Unterrichtsthemen die Aspekte Umwelt und Gesundheit mit berücksichtigt wurden. Hier können z. B. Umweltschäden, die durch die Düngung und den Pestizideinsatz auf den Baumwollfeldern entstehen, thematisiert werden.

Handlungsorientierter Unterricht

Handlungsorientierte Lernformen fördern nachweislich das Interesse am Unterricht. Gibt es Themenbereiche, bei denen Methoden des handlungsorientierten Lernens eingesetzt werden können?

Kooperation

Das gemeinsame Erarbeiten von Themen und die Lösung von Problemsituationen fördert das Interesse am Unterrichtsgegenstand. Gibt es Themenbereiche, bei denen dies besonders zum Tragen kommen kann?

Selbstbestimmtes und selbstgesteuertes Lernen

Gibt es Aspekte des Themas, die von den Schülern weitgehend selbstgesteuert erarbeitet werden können?

Unterrichtsklima

Ein positives Miteinander in der Lerngruppe führt zu aktiver Beteiligung, Diskussionsbereitschaft und Freude am Unterricht. Wie kann es in dieser Unterrichtssequenz gefördert werden?

Fragebogen: Wo liegen die Schülerinteressen?

Zu Beginn des Schuljahres oder einer neuen Unterrichtssequenz kann ein Fragebogen zur Erhebung der individuellen Interessen der Schüler erstellt werden (→ S. 15). Er sollte die Vorgaben aus dem Bildungsplan/Lehrplan zu den zu behandelnden Themen und Regionen beinhalten. Die Schüler können damit aufzeigen, welche Themen für sie besonders interessant oder eher weniger interessant sind. Nach der Auswertung kann bei der Gestaltung der einzelnen Unterrichtsthemen das zu erwartende Interesse berücksichtigt werden – eventuell auch, indem durch besonders interessante Medien oder Methoden fehlendes thematisches Interesse ausgeglichen wird (vgl. dazu auch Kapitel 2, → S. 34 ff.).

Ein weiterer Schülerfragebogen für Unterrichtseinheiten zu Ländern und Regionen befindet sich auf Seite 26; dieser Fragebogen eignet sich auch für ein Feedback am Ende einer Unterrichtseinheit (Zuwachs an Wissen über ein Thema/Vergleich des Wissens zu Beginn und am Ende der Unterrichtseinheit).

Welche Themen sind für dich interessant?

Liebe Schülerin, lieber Schüler,

um deine Interessen im Unterricht besser berücksichtigen zu können, möchte ich mit Hilfe dieses Fragebogens herausfinden, für welche Themen du dich interessierst.

Kreuze jeweils nur eine Antwort an.

Themen	interessiert mich ...			Begriff unklar/ unbekannt
	sehr	teils, teils	nicht	

(verändert nach HEMMER/HEMMER 2002, S.11)

1.3 Schülervorstellungen und -vorwissen ermitteln

Wir sollen unsere Schüler im Unterricht da abholen, wo sie gerade stehen. Aber wo stehen sie eigentlich? Welche Vorstellungen haben sie von einem Land (z.B. China) oder einer Thematik (z.B. Ursachen des Klimawandels)? Dies ist ein enorm spannender, aber häufig vernachlässigter Bereich der Unterrichtsplanung.

Die *Conceptual-Change-Forschung* (z.B. REINFRIED 2005, SCHULER 2004) beschäftigt sich intensiv mit der Entwicklung und Veränderung von Schülervorstellungen (Mentale Modelle/Subjektive Theorien) im Rahmen des Geographieunterrichts. Dabei ist das Thema *Didaktische Rekonstruktion* – also fachliche Klärung, didaktische Strukturierung und Erfassung von Lernerperspektiven – nicht nur auf Grundschüler und die ersten Klassen in den weiterführenden Schulen beschränkt. Gerade in den höheren Jahrgangsstufen, wenn Themen zunehmend komplexer betrachtet werden, ist es äußerst wichtig, falsche von richtigen Vorstellungen im Unterrichtsprozess zu unterscheiden. So lassen sich der Schneefall und die „Vorgeschichte" von Frau Holle im Unterricht noch schnell voneinander trennen. Bei komplexeren Fragen wie z.B. dem Grundwasservorkommen bedarf es schon ausführlicherer Erklärungen, um Schülervorstellungen (z.B. über die Existenz von Wasseradern) und fachliche Informationen zur Lagerung von Grundwasser zu differenzieren.

Es sind mehrere Wege denkbar, um herauszufinden, wo genau sich unsere Schüler „mental" befinden. Einige sollen im nächsten Abschnitt an Beispielen erläutert werden.

Die folgenden Verfahren können einzeln oder in Kombination im Unterricht (oder auch in einer Vertretungsstunde) eingesetzt werden:

Zeichnung

Aufschlussreich zur Ermittlung von Schülervorstellungen zu physisch-geographischen Themenfeldern sind Skizzen von Querschnitten und Profilen. Aber auch Zeichnungen, die den Alltag, die Lebenssituation oder das typische Aussehen von Menschen darstellen, können Grundlage einer klärenden Differenzierung sein.

Zeichne ein Bild ...
* zum Leben in ...
* wie du dir das Land ... vorstellst.
* wie du dir einen Querschnitt durch ... vorstellst.
* wie du dir den Aufbau von ... vorstellst.

Die Zeichnung einer Lehramtsstudentin zum Thema Afrika verdeutlicht das typische Bild, das viele immer noch mit Afrika verbinden. Doch wo bleiben die Megacitys, das Verkehrschaos, das „moderne" Afrika? Auch unsere Schulbücher schaffen hier selten eine umfassende Vorstellung von einer Region – mit all ihren Facetten.

Verbreitete Vorstellung vom Lebensalltag in Afrika (Zeichnung: Theresa Blattner)

Brainstorming

Zur Ermittlung des individuellen Vorwissens wird das Brainstorming nicht von der Klasse gemeinsam, sondern von jedem Schüler alleine durchgeführt. Nur so lässt sich ermitteln, wo der einzelne Schüler „steht".
Die nachfolgende Auswahl von Schülerantworten (8. Klasse, Gymnasium) veranschaulicht, welche Assoziationen und Vorstellungen Jugendliche von Thailand haben (können):

> Essen mit Stäbchen (Schlangen und Ratten) – Elefanten als Lasttiere – manche Thailänderinnen sind käuflich – Häuser mit komischen Dächern – prunkvolle Tempel – billige Markenware – Reisanbau – scharfes Essen – Mandelaugen – armes Volk – giftige Tiere – Haustiere werden gegessen ...

Ein Brainstorming kann auch gezeichnet werden – hier als Beispiel gezeichnete Assoziationen zum Thema China:

Brainstorming zum Thema China (Zeichnung: Carolin Bantleon)

Mindmap

Um die gesamte Struktur bzw. das gesammelte Vorwissen zu verdeutlichen, kann eine Mindmap zum Thema erstellt werden. Sie verdeutlicht die kognitive Vorstellung von Zusammenhängen, die wir zu einem Thema haben, und gibt weitere Hinweise zum Vorwissen.

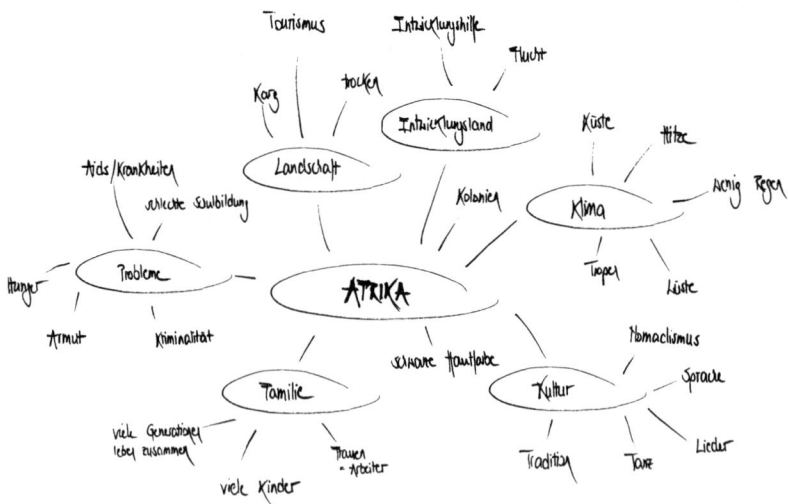

Mindmap zum Thema Afrika (Zeichnung: Theresa Blattner)

Schreibt in die Mitte eines Blattes das Thema (z. B. Afrika, Südostasien, Klimawandel ...) und ergänzt dazu auf dem Blatt Unterpunkte/Kategorien und weitere Differenzierungen, sodass ein Bild mit Verzweigungen und Ästen entsteht. Damit erfasst ihr die Gesamtheit der Thematik und gebt dieser zugleich eine Struktur (Gliederung).

Foto-Assoziationen

Das Vorwissen und die individuellen Vorstellungen zu einem Thema lassen sich gut durch die Arbeit mit Bildern ermitteln. Assoziationen können mit einem einzigen oder auch mit einer ganzen Reihe von Fotos ausgelöst werden. Die Reaktionen geben Aufschluss über Vorkenntnisse, regen aber zugleich auch zu weiteren thematischen Erkundungen an. Foto-Assoziationen lassen sich z. B. folgendermaßen einsetzen:

Umstände der Bildentstehung entschlüsseln

Manchmal sind die Bildassoziationen und die Umstände, unter denen eine Aufnahme entstanden ist, sehr unterschiedlich. Diese Diskrepanz regt zum weiteren Nachdenken an. Das folgende Foto bietet hierfür ein Beispiel. Eine erste Assoziation dazu kann sein: Spielen die Kinder Fernsehen? Tatsächlich zeigt das Bild Kinder in Ghana, die auf dem Weg zur Schule sind und eigene Stühle von zu Hause mitbringen. Der Anschlussimpuls kann lauten: Wäre dies auch in Deutschland möglich?

Foto-Assoziationen (Idee und Foto: Wulf Schmidt-Wulffen)

Schule in Malawi/Afrika I (Foto: Kirsten Mika)

Schule in Malawi/Afrika II (Foto: Kirsten Mika)

In ein Thema einsteigen

Besonders geeignet ist das Verfahren für den Einstieg in ein neues Unterrichtsthema, z. B. als Impuls für ein individuelles Brainstorming. Dabei ist es ideal, wenn mehr Fotos (oder auch andere Bilder und Zeichnungen) zur Verfügung stehen, als Schüler in der Klasse sind. So kann sich jeder sein eigenes Bild heraussuchen. Einsetzen lässt sich das Verfahren für alle Regionen der Erde bzw. Themen der Bildungspläne. Besonders gut kann durch entsprechende Abbildungen beispielsweise in die *Probleme des 21. Jahrhunderts* eingeführt werden (z. B. Klimawandel, Wasserknappheit, Zerstörung der Wälder/Wüstenbildung, Bevölkerungswachstum, Verstädterung etc.).

Gegensätze thematisieren

Mit der Methode „Foto-Assoziationen" können auch Gegensätze thematisiert werden, die innerhalb eines Landes oder eines Kontinents vorkommen. So können zu der Fragestellung „Was ist nun typisch für Afrika?" gegensätzliche Aufnahmen gezeigt werden (z. B. eine einfache Behausung und ein modernes Bürogebäude). Bei den Beispielen auf Seite 20 könnte die Frage lauten: Zeigen die Bilder Schulunterricht in Afrika genauso, wie wir ihn uns vorstellen?

Das Beispiel kann darauf hinweisen, dass die Fragmentierung der Erde nicht nur über Kontinente erfassbar ist, sondern dass die räumlichen Disparitäten innerhalb von Staaten und Städten berücksichtigt werden müssen, um realistische Vorstellungen zu entwickeln.

Ergänzend können gegensätzliche Darstellungen auf Bildern und in Texten (z. B. typische Beschreibungen in Länderlexika) herausgearbeitet werden. Der Impuls dazu kann lauten: Was stimmt nun? Beides? (Vgl. dazu in Kapitel 3: „Geographische Besonderheiten", → S. 95 ff.)

Weitere Gegensatz-Beispiele:

- Fortbewegungsmittel: Wasserbüffel vs. moderne Schwebebahnen (Skytrain/Bangkok/Thailand oder Transrapid/China)
- Ernährung: traditionelle Reismahlzeit vs. Burger bei McDonald's
- Kleidung: traditionelle Kleidung vs. westliche Kleidung

Gegensätze in einem Land

Bild-Text-Assoziationen

Die Assoziations-Methode lässt sich mit anderen Medien fortführen. So können Bilder, Grafiken, Zeitungsschlagzeilen, Karten und Karikaturen zur Einführung in ein Thema kombiniert und den Schülern als Anregung präsentiert werden, z. B. in Form eines Assoziations-Würfels.

Einen solchen Würfel können Sie mit Hilfe eines Kartons (Seiten in DIN-A4-Größe) leicht selbst bauen. Wenn Sie die sechs Würfelseiten mit Klarsichtfolie bespannen, können Sie wechselnde Bilder und Materialien einstecken. In vereinfachter Form kann man auch nur mit den jeweiligen Assoziations-Materialien arbeiten. Allerdings ist die optische Wirkung viel stärker, wenn die Bilder „im Raum stehen".

Assoziations-Würfel zur Bevölkerungsentwicklung

Für Bild-Text-Assoziationen gibt es verschiedene Einsatzmöglichkeiten im Unterricht:

Einstieg in eine neue Unterrichtssequenz

Beim Einstieg in ein Unterrichtsthema kann die Annährung durch den Würfel geleitet werden. Hierfür werden verschiedene Bildkarten zu einer Thematik (z. B. Entwicklung der Weltbevölkerung) in die Würfeltaschen gesteckt. Der Würfel wechselt von einem zum andern und die jeweils dem Schüler zugewandte Würfelseite wird kommentiert: Welche Assoziationen/ welches Vorwissen hast du zur vorliegenden Abbildung?

Einstieg/Entwicklung einer geographischen Fragestellung

Zu Beginn einer neuen Unterrichtsstunde oder Unterrichtseinheit wird der Würfel mit ausgewählten Aspekten der Thematik präsentiert. Die Bilder werden in Gruppen (vier bis sechs Schüler) interpretiert, und die zentralen Aussagen oder Fragen, die sich aus den Bildern ergeben, werden notiert. Eine geographische Fragestellung wird entwickelt. Im Fortgang des Unterrichts präsentieren die Schüler das jeweilige Bild auf dem Würfel mit ihrer Fragestellung.

Gruppenbildung/-puzzle

Nachdem zu einem Hauptthemenfeld (z. B. Entwicklung der Weltbevölkerung) die zu behandelnden Unterthemen feststehen, können diese arbeitsteilig in Gruppen behandelt werden (z. B. zentrale Herausforderungen im Rahmen der Entwicklung der Weltbevölkerung: globales Bevölkerungswachstum, Schrumpfung der Bevölkerung in Europa, Ressourcenübernutzung, Konflikte, Verstädterung/Wachstum der Städte …). Die Gruppen präsentieren ihr Thema dann anhand der Materialien und erläutern ihre Gedanken.

Abschluss einer Unterrichtsstunde/-einheit

Die verschiedenen Aspekte (z. B. Probleme der Weltbevölkerung) werden über die Bilder und Grafiken im Würfel (maximal sechs) dargestellt. Der Würfel wird in der Gruppe (vier bis sechs Schüler) weitergereicht, und der Schüler, der den Würfel hält, erklärt eine Bildproblematik/Bildaussage in Bezug auf das Gesamtthema (z. B. Menschen auf der Flucht – Probleme der Weltbevölkerung).

Begriffs-Assoziationen: Eigenschaftsprofile

Welches Bild haben unsere Schüler von anderen Staaten der Erde, welches Weltbild drückt sich darin aus? Geographische Weltbilder sind ebenso wie Mentalmaps (Karten in unseren Köpfen) und Mindmaps durch subjektive Wahrnehmungen und Erfahrungen geprägt. Eigenschaftsprofile können zur Ermittlung der subjektiven Sichtweise von Ländern beitragen. Die Vorlage auf der nächsten Seite dient als Beispiel hierfür. Die Eigenschaftspaare sollten an den nachfolgenden Unterricht angepasst werden, damit die relevanten Facetten eines Landes speziell betrachtet werden und nicht eine zu große Anzahl von Eigenschaften erhoben wird, auf die der Unterricht nicht eingeht. Dabei sollten die Schüler zuerst ihr individuelles Eigenschaftsprofil zu einem vorgegebenen Land erstellen. Im Anschluss wird verglichen und diskutiert, warum bestimmte Kategorien unterschiedlich beurteilt wurden. Danach können Nachbarstaaten bzw. Länder mit ähnlichen Merkmalen (z.B. Reiseländer im Mittelmeerraum) bewertet werden. Ein Vergleich der Bewertung verschiedener Ländern (z.B. unsere Nachbarn: Frankreich, Schweiz, Österreich, Tschechien, Polen …) zeigt dabei interessante „Differenzen" auf.

Vorwissen/Vorstellungen anhand vorgegebener Kriterien beschreiben

In der Forschung zu Schülervorstellungen und Alltagstheorien werden umfassendere Verfahren angewandt, um die genauen Vorstellungen von Schülern zu ermitteln (z.B. schriftliche Befragungen, Leitfadeninterviews mit Mapping-Skizzen und Tiefeninterviews). Ziel ist es, herauszufinden, wie eine Veränderung von Alltagstheorien (subjektiven Theorien) erreicht werden kann – sicher eine große didaktische Herausforderung. Zusätzlich zu den eigenen Erhebungen über Vorstellungen und das Vorwissen der eigenen Schüler können diese Forschungsergebnisse genutzt werden, um „anfällige" Themen und „falsche" Vorstellungen zu erkennen.

Der Wissensstand der Klasse lässt sich mit einfachen Verfahren ermitteln. Wenn die Schüler hierbei auch besondere Interessen nennen können, werden sie zugleich aktiv in den Prozess der Unterrichtsplanung eingebunden und die Unterrichtsinhalte lassen sich individueller auf die Schüler zuschneiden. Folgende Verfahren eignen sich für die Erhebung von Vorwissen/Schülervorstellungen:

Eigenschaftsprofil: Wie ich ein Land sehe

1. Beurteile jedes Eigenschaftspaar für das ausgewählte Land. Setze dazu ein Kreuz in die Tabelle.
2. Verbinde dann die Kreuze von oben nach unten, sodass eine Linie entsteht.
3. Begründe deine Einschätzung (Das Land ... ist interessant, weil ...)
4. Vergleiche deine Beurteilung mit der anderer Schüler und mit deiner eigenen Einschätzung anderer Länder.

Das Land _____ ist im Vergleich zu Deutschland:

	1	2	3		Begründe hier deine Meinung:
groß				klein	
sicher				gefährlich	
reich				arm	
modern/ fortschrittlich				altmodisch/ unmodern	
ungewöhnlich				gewöhnlich	
sollte sich nicht verändern				sollte sich verändern	
hat wenige Umweltprobleme				hat eine verschmutzte Umwelt	
...				...	
	1	2	3		

(verändert nach HAUBRICH/SCHILLER 1997, S.174)

Fragebogen:
Vorstellungen und Fragen zur neuen Unterrichtseinheit

Deine Vorstellungen über _____

Bevor wir mit dem neuen Thema beginnen, möchte ich herausfinden, was ihr schon dazu wisst. Außerdem sollen eure Interessen zum Thema im Unterricht berücksichtigt werden. Bitte tragt diese in die rechte Spalte ein.

Thema	Das weiß ich schon über ...	Das Thema interessiert mich. Ich habe folgende Frage:
Natur Lage, Größe, Vegetation, Tierwelt, Klima, Boden, Rohstoffe, Landschaftsformen, Gewässer, Umweltschutz		
Kultur Sprache, Nahrung, Mentalität, Tourismus, Sehenswürdigkeiten		
Bevölkerung Soziales, Kleidung, Freizeit, Lebensstandard, Bildung		
Besiedlung Hauptstadt, Verstädterung, Architektur, Verkehr, Fortbewegungsmittel		
Wirtschaft Import, Export, Industrie, Landwirtschaft, Bergbau, Dienstleistungen, Entwicklungsstand, Technik		
Politik Militär, Krieg, Menschenrechte		
Fallen dir Probleme ein, die die Region betreffen?		
Was sollten wir im Unterricht außerdem zu diesem Thema behandeln?		

Wissen mit einer Liste von Stichwörtern aktivieren

Aktivieren und Erheben lässt sich vorhandenes Wissen z.B. mit einer vorgegebenen Liste von Stichwörtern, über die Inhalte (mündlich oder schriftlich) abgefragt und so Assoziationen ausgelöst werden.

Vorwissen und Interessen mit einem Fragebogen erheben

Stärker strukturiert ist die Erhebung mit Hilfe von Fragebögen, auf denen die Schüler zu vorgegebenen Kategorien angeben, ob sie zum jeweiligen Bereich schon etwas wissen, und auf denen sie Vorkenntnisse und Fragen eintragen können. Das Beispiel auf Seite 26 eignet sich für Unterrichtseinheiten zu Ländern und Regionen. Werden dieselben Stichwörter bzw. Fragen für einen abschließenden Test verwendet, können die Schüler selbst prüfen, welche Fortschritte sie gemacht haben.

1.4 Vorurteile erkennen

Als eine besondere Art „Vorwissen" können auch Vorurteile ein interessanter Themeneinstieg sein: Welche Vorurteile haben unsere Schüler gegenüber anderen Nationen? Wie sehen sie ihr eigenes Volk? Ein ebenso heikles wie aufschlussreiches Thema. RINSCHEDE beschreibt das Wesen von Vorurteilen und Stereotypen folgendermaßen (2003, S.81):

> Die Begriffe Vorurteile und Stereotype werden häufig synonym verwendet. Beide sind Ergebnisse einer subjektiven Wahrnehmung (d.h. Informationsaufnahme, -verarbeitung und -speicherung) und können diese zugleich weiter beeinflussen.
>
> **Vorurteile** sind vorgefasste Meinungen und Einstellungen vereinfachter, überakzentuierter und meist negativ-ablehnender Art gegenüber bestimmten Personen, Personengruppen oder Objekten, die über lange Zeit unveränderlich fortbestehen können.
>
> **Stereotype** sind schematisierende, klassifizierende und oft verzerrende Kognitionen und Einstellungen bezüglich verschiedener Sachverhalte. Es kann unterschieden werden zwischen dem Auto-Stereotyp, der bezeichnet, was eine Gruppe über sich selbst denkt, und dem Hetero-Stereotyp, der angibt, was die anderen über eine Gruppe denken.

Unter der Überschrift „Stammtisch Europa" hat die Feuilleton-Redaktion der „Zeit" innereuropäische Vorurteile zusammengestellt:

	Der Belgier	Der Däne	Der Deutsche	Der Engländer	Der Franzose
über Belgier	Wir sind halt Burgunder, leben, essen, trinken gern; nur die Wallonen schänden Kinder	Haben Böses im Kongo gemacht, sind aber gute Steuerhinterzieher	Spießige Abart der Franzosen, Pantoffel tragende, Pommes fressende Kinderschänder	Verbissene Pommes-Fresser, schmierig, unzuverlässig, langweilig	Beleuchten ihre Autobahnen, alles andere bleibt im Dunkeln; perverse Frittenfresser, die Kinder schänden
über Dänen	Unterkühlt und langweilig wie alle blonden Nationen des Nordens	Lustig, humorvoll, gütig, mit aufrichtiger Liebe zu bunten Speisen, Aquavit und Steuerhinterziehung	Die Italiener des Nordens; leider erwidern sie die deutsche Liebe ebenso wenig wie die Italiener	Unbedeutendes, wackeres und erfreulich Euroskeptisches Völkchen, das gut Englisch spricht	Adrette blonde Menschen in einem zugigen Land, das viele Fischkonserven produziert
über Deutsche	Wie Schwarzwälder Kirschtorten (von allem zu viel), kommen immer uneingeladen nach Belgien	Tun gern etwas Verbotenes (Strandburgen bauen, zu schnell fahren, Weltkriege anfangen)	Die ungeliebte Nation. Nach schlimmer Straftat nur auf Bewährung entlassen	„Krauts": übergewichtige, humorlose Biertrinker, effizient, arrogant, seelisch gefährlich instabil	Grüblerische Biertrinker, die mit ihrem ökologischen Bewusstsein nerven
über Engländer	Sind immer willkommen. Die einzige Nation, gegen die wir nichts haben	Die bewunderten Verwandten aus Angeln, leider auch die Zerstörer der dänischen Flotte (1807)	Schwule Männer, blasse Frauen. Verliebt in skurrile Verbrechen und die eigene Oberlegenheit	Humorvoller und erfinderischer als der Rest der Welt, fair, mutig, immer gelassen und souverän	Scheinheilige, blasse Gentlemen, die mit abgespreizten Fingern ums Teetischchen sitzen

Stammtisch Europa

Hier weiß jeder gegen jeden irgendetwas: Hundert nationale Vorurteile, auf einem Bierdeckel notiert, ergeben die Quersumme null

Musste Berlusconi sich wirklich entschuldigen? War sein Staatssekretär zum Rücktritt gezwungen? Ihre Äußerungen über Deutschland haben in Wahrheit nur ans Licht gebracht, was ohnehin zum europäischen Alltag gehört. Der Kontinent wird seit alters nicht nur durch Kultur und Geschichte, sondern durch die gegenseitigen Vorurteile der Nationen zusammengehalten.

Recht eigentlich sind die Ressentiments ein Teil dieser Kultur, jedenfalls eines bis heute lebendigen Brauchtums, in dem sich die Gegenwart des Fremdenverkehrs und die Vergangenheit von Kriegen und Demütigungen kurios verschränken. Solange nicht zu staatlicher Politik und Propaganda wird, was an den nationalen Stammtischen umläuft, muss niemandem bange sein. Jeder weiß hier gegen jeden irgendetwas Böses, und alles zusammengerechnet ergibt die Quersumme null. Sollte jemand geneigt sein, das dumpfe Übelwollen einer Nation gegen die andere noch seinerseits übel zu nehmen, müsste er nur den Bierdeckel betrachten, auf dem wir einige der Vorurteile notiert haben, um die relativierende Kraft des versammelten Unfugs zu erkennen.

Gewiss gibt es Völker, die großmütiger, und andere, die rachsüchtiger empfinden. Es gibt auch solche, die Sympathie für lange verspielt haben, wie das deutsche; aber selbst ihm wird heute lieber das Tragen von Sandalen als die Nazi-Zeit zum Vorwurf gemacht. Andere wie Belgien oder Polen sind offenbar Opfer der Massenmedien und

Der Holländer	Der Italiener	Der Österreicher	Der Pole	Der Spanier
Die Ostfriesen von Holland. Ihre Frauen schlafen mit den Schuhen an den Füßen	Viel Camping und viele Konserven	Kinderschänder, können nicht bergauf fahren, ansonsten völlig uninteressant	Ein halber Franzose, träger Franzose, verschlafener Franzose	Wer ist denn das? Etwa die mit dem Wohnwagen und den Konserven?
Nette Leute, schöne Frauen, teures Bier	Ein unbekanntes Volk	Haben viel Öl und einen niedlichen Akzent, sonst nix im Kopf außer Fisch und Fußball	Bäuerlich, langweilig wie das Wetter dort	Nett, wie alle diese Nordländer, vor allem die Frauen
Arrogant, dick und autoritätshörig. Gewinnen im Fußball nur, weil sie „Schwein" haben	Fleißig, geschäftstüchtig, viel zu gut organisiert, um sympathisch zu sein; brutale Touristen	Piefkes: bürokratisch, plump, un-elegant, laut, mit weißen Socken in Sandalen	Laut und oft überheblich. Ohne Fantasie. Alles geht nach Vorschriften und Vorgaben	Quadratschädel, helle Haut, gutes Bier, weiße Socken in Sandalen
Keine Schönheiten. Säufer. Im Sommer weiße Haut mit einem feuerroten Sonnenbrand	Die Heuchler Europas und schlechte Köche, haben aber der Welt die Karos geschenkt	Klassengesellschaft ohne Klasse, Saufköpfe, Hooligans mit ewigem Sonnenbrand	Machtbewusst, konservativ, insular, nicht europäisch	Chauvinistisch, ungehobelt, aggressiv, besoffen

ihrer Spektakelmacherei. Wieder andere können sich nur mühsam von dem Verlust einstiger Weltgeltung erholen. Das Niederringen der spanischen Kolonialmacht, auch die Konfessionskriege haben augenscheinlich nachwirkenden Eindruck gemacht. Es gibt Nationen, die stark in der Gegenwart leben, und solche, die sich längst vergangener Siege oder Niederlagen lebhaft erinnern.

Die Feuilleton-Redaktion der ZEIT hat ihre Korrespondenten, aber auch Freunde und Bekannte im Ausland gebeten, die Vorurteile zu sammeln, die noch heute im Umlauf sind. Niemand meinte, mit Wahrheiten zu handeln. Alle waren peinlich berührt oder schaudernd amüsiert über die Gespenster, die sie aus den Tiefen des nationalen Vorbewussten heben mussten; manche waren sich keineswegs einig und begannen zu streiten: ob der Engländer in Italien zum Beispiel auf Liebe oder Vorbehalte stößt. Im Zweifel hat sich die Redaktion für die größere Dummheit entschieden; denn unter Vorurteilen nach dem vernünftigsten zu forschen käme einer Rehabilitierung gleich. Das Lehrreiche am Ressentiment ist seine Haltlosigkeit. Das wissen auch alle, die am europäischen Stammtisch zechen; es ist mit ihnen wie mit einer Familie, die im lästernden Klatsch über Cousins und Cousinen der Verwandtschaft Ausdruck verleiht. Selbst unter Skandinaviern, deren gegenseitiges Verhältnis wir hier außer Betracht lassen, werden die kuriosesten Vorurteile weiter gepflegt; sie stören aber den friedlichen Verkehr nicht im Geringsten. Das schlechte Selbst braucht seinen Auslauf; wir müssen nur darauf achten, dass es nicht über den Rand des Bierdeckels schäumt.

Jens Jessen, aus: Die Zeit vom 17.7.2003, S. 33

Literatur

HAUBRICH, H./SCHILLER, U. (1997): Europawahrnehmung Jugendlicher. Eine Befragung Studierender in 21 europäischen Ländern mit geographiedidaktischen Konsequenzen. Freiburg

HEMMER I./HEMMER M. (2002): Wie kann ich meinen Unterricht für Schüler interessanter gestalten? In: geographie heute, Heft 202, S. 8–9

OBERMAIER, G. (1997): Geographieinteresse. In: geographie heute, Heft 157, S. 2–5

REINFRIED, S. (2005): Wie kommt Grundwasser in der Natur vor? – Ein Beitrag zur Praxisforschung über physisch-geographische Alltagsvorstellungen von Studierenden. In: Geographie und ihre Didaktik 33, Heft 3, S. 133–156.

RINSCHEDE, G. (2003): Geographiedidaktik. Paderborn, S. 81

SCHULER, S. (2004): Alltagstheorien über den globalen Klimawandel. Eine empirische Untersuchung von Schülervorstellungen. In: Praxis Geographie, Heft 11, S. 42–43

2 Abwechslungsreich unterrichten

Yvonne Schleicher und Karsten Jonas

Unterricht bedarf der Abwechslung: Themen, Regionen, Medien und Methoden lassen sich bei offenen Lehr- und Bildungsplänen in den Unterrichtsstunden individuell kombinieren. In diesem Kapitel finden Sie methodische Vorschläge und konkrete Ideen und Anregungen für den täglichen Unterricht. Zunächst werden Möglichkeiten aufgezeigt, wie der Unterricht abwechslungsreicher und motivierender gestaltet werden kann. Anschließend stellen wir eine Reihe ausgewählter Best-Practice-Beispiele vor.

2.1 Unterrichtssequenzen planen

Im Laufe der Unterrichtsjahre ist es sicher ein Gewinn, wenn fachkundige Kollegen sich gegenseitig beim Unterrichten beobachten und im Sinne einer positiven Beratung auf Veränderungsmöglichkeiten aufmerksam machen. Bei einer gegenseitigen Unterrichtsberatung sollte der Unterrichtende hierfür klare Beobachtungsaufträge geben, denn je eindeutiger die Vorabsprachen sind, desto gezielter kann beobachtet und in einem anschließenden Gespräch reflektiert werden. Der nachfolgende Beratungsbogen kann hierfür, aber ebenso auch zur Selbstbeobachtung eingesetzt werden. Empfohlen wird die Analyse von mehreren aufeinanderfolgenden Stunden, sodass Wiederholungen (bei Medien, Methoden etc.) auffallen.

Unterrichtsstunden auf Abwechslung prüfen

Analysebogen zur Unterrichtsgestaltung

Lernziele der Stunde

_____

_____

_____

_____

Lernzuwachs (vor allem geographische Inhalte)

_____

_____

_____

_____

Aufbau

☐ Einstieg   ☐ Sicherungsphasen

☐ Erarbeitungsphasen   ☐ roter Faden (für Schüler) erkennbar

Aktionsformen

☐ darbietendes Verfahren   ☐ außerschulisches Lernen

☐ entwickelndes/   ☐ Freiarbeit

   entdeckendes Verfahren   ☐ _____

☐ Experiment   ☐ _____

Sozialformen

☐ Einzelarbeit   ☐ Spiele

☐ Partnerarbeit   ☐ Projekte

☐ Gruppenarbeit   ☐ _____

☐ Gruppenpuzzle   ☐ _____

☐ Klassen-/Frontalunterricht ☐ _____

Medien/Materialien

☐ Text   ☐ Tafel

☐ Folie   ☐ Puzzle

☐ Mindmap   ☐ Zahlen/Statistik

☐ Film   ☐ Grafik

☐ Musik   ☐ Atlas

☐ Arbeitsblatt   ☐ Wandkarte

☐ Geschichte   ☐ Lückentext

☐ Karikatur   ☐ Zeichnung

☐ Karte   ☐ Digitalkamera

☐ Originaler Gegenstand   ☐ Schlagzeile

☐ Computer   ☐ _____

☐ Zeitungsbericht   ☐ _____

☐ Rätsel   ☐ _____

☐ Bild   ☐ _____

Hefteintrag

☐ Tafelanschrift   ☐ _____

☐ Arbeitsblatt   ☐ _____

Unterrichtsprinzipien

☐ Schülerorientierung   ☐ Interdisziplinarität

☐ Entwickelndes Lernen   ☐ Handlungsorientierung

☐ Problemorientierung   ☐ Motivation

☐ Anschaulichkeit   ☐ _____

☐ Zielorientierung   ☐ _____

Sonstiges

_____

_____

_____

Themen, Methoden und Medien gezielt kombinieren

Geographiedidaktische Forschungen haben ergeben, dass Schüler bestimmte Arbeitsweisen bevorzugen, diese Vorlieben in der Unterrichtpraxis aber oft nicht entsprechend berücksichtigt werden. Die folgende Tabelle gibt Auskunft darüber, wo die Interessenschwerpunkte der Schüler und wo die der Lehrer liegen (vgl. HEMMER/HEMMER 1997 und 1999).

Mittel-wert	Schülerinteresse an ausgewählten Arbeitsweisen		Verwendung von Arbeitsweisen durch Lehrkräfte	Mittel-wert
1,49	Experimente		Arbeit mit dem Atlas	1,64
1,52	Arbeit mit Filmen	hoch	Arbeit mit Karten	1,69
1,71	Exkursionen/ Unterrichtsgänge		Arbeit mit dem Schulbuch	1,94
1,89	Arbeit mit Fotos/Bildern		Arbeit mit Fotos/Bildern	2,08
2,08	Arbeit mit originalen Gegenständen		Arbeit mit Texten	2,34
2,21	Arbeit mit Erlebnis-/ Reiseberichten		Arbeit mit aktuellen Zeitungsberichten	2,54
2,24	Arbeit mit Modellen		Arbeit mit Zahlen/ Tabellen	2,61
2,29	Projektarbeit		Arbeit mit Filmen	2,63
2,50	Arbeit mit aktuellen Zeitungsberichten		Arbeit mit Säulen-/ Kreisdiagrammen	2,90
2,73	Arbeit mit Karten		Arbeit mit Modellen	3,19
2,75	Rollenspiel		Arbeit mit Erlebnis-/ Reiseberichten	3,26
2,78	Arbeit mit dem Atlas		Arbeit mit originalen Gegenständen	3,31
3.36	Arbeit mit Zahlen/ Tabellen		Exkursionen/ Unterrichtsgänge	3,52
3,36	Arbeit mit Säulen-/ Kreisdiagrammen		Projektarbeit	4,12
3,43	Arbeit mit Texten	niedrig	Experimente	4,16
3,62	Arbeit mit dem Schulbuch		Rollenspiel	4,30

n = 2560 Schülerinnen und Schüler   n = 89 Lehrpersonen

Skala: interessiert mich sehr (1) bis interessiert mich gar nicht (5)

Das Ergebnis zeigt die Realität – es bedeutet für uns aber nicht, dass Unterricht nur noch mit Experimenten, Filmen und Exkursionen gestaltet werden sollte. Auch das würde zu Desinteresse führen. Ein Fazit, das bei der Unterrichtsplanung von erheblichem Nutzen sein kann, lautet vielmehr: Die gezielte Abfolge und Kombination von Inhalten, Medien und Methoden mit jeweils unterschiedlichem Interessantheitsgrad macht den Geographieunterricht attraktiver. Konkret bedeutet das: Wenn wir im Rahmen einer beliebten Arbeitsmethode (z.B. Exkursion) ein eher unbeliebtes Thema behandeln (z.B. aus der Wirtschaftsgeographie), können wir trotzdem motivierte Schüler haben.

Im Folgenden einige *Kombinations-Beispiele*, die zeigen, wie Themen, Methoden und Medien motivierend kombiniert werden können. Ergänzt wurden Hinweise auf interessante Internetadressen (vgl. Forschungsergebnisse zum Interesse an geographischen Themen, HEMMER/HEMMER 1997 und 1999). Erfolgt im Unterricht eine Kombination der vorgeschlagenen Medien und Methoden, so gelingt es, einen zusätzlichen Nutzen (Mehrwert) herauszuarbeiten, der mit einem einzelnen Medium oder einer einzelnen Methode nicht darstellbar wäre.

Der Interessantheitsgrad wird mit diesen Symbolen angegeben:
☺ = hohes Interesse, ☹ = mittelmäßiges Interesse, ☹ = geringes Interesse.

Thema: Zeitzonen – ☺

Medien und Methoden:
- Schulbuch: Erklärung der Entstehung von Tag und Nacht
- Atlas: Weltkarte mit Zeitzonen
- Internet: aktuelle Belichtungsverhältnisse der Erde: Wo ist es gerade jetzt hell bzw. dunkel?

Interessante Internetadressen:
- – Beleuchtung der Erde:
    www.fourmilab.ch/cgi-bin/uncgi/Earth/action?opt=-p
- – Weltkarte mit Webcams:
    http://home.arcor.de/schulgeographen/zeitzonen_der_erde.htm

Mehrwert: Transparenz von Prozessen

Thema: Wetter und Klima – ☹

Medien und Methoden:
- Schulbuch: Grundlagen zur Entstehung von Wetter und Klima
- Atlas: Klimakarten zu Teilregionen der Erde

● Geo-Methoden: Wetterexperimente durchführen; Klimadiagramme, Wetterkarte auswerten

● Internet: aktuelle Wettersituation, Daten und Karten für beliebige Orte

Interessante Internetadressen:

– Wetterinformationen (Länder, Städte, Radar, Satelliten, Karten, Wasser, Pegel, Ozon, Biowetter, Pollenflug, Webcams): www.wetteronline.de

– Ebbe und Flut (Beispiel Webcam Husum): www.friesenanzeiger.de/livecam/cam02/index.htm www.wetteronline.de/dldlwebf.htm

Mehrwert: Informationsvielfalt, Zugang zu Regionaldaten, reale Situation, Handlungsorientierung (bei Experimenten)

Thema: Tourismus – ☺

Medien und Methoden:

● Schulbuch: Grundlagen und regionales Beispiel

● Atlas: Karten zum Tourismus

● Geo-Methode: Pro-Kontra-Diskussionen, Experteninterviews (Schülererfahrungen einbeziehen)

● Internet: aktuelle Daten, Statistiken, Präsentation der Reiseziele

Interessante Internetadressen:

– Pro-Kontra-Diskussion zum Nutzen des Tourismus in Entwicklungsländern: www.diercke.de/methods/pro_contra/einf.html

Mehrwert: Reiseerziehung, Kommunikationstraining

Thema: Verkehr – ☹

Medien und Methoden:

● Schulbuch: Grundlagen und regionale Beispiele

● Zeitungsberichte: aktuelle Verkehrsprobleme (Lärmbelastung, Stau, Feinstaub …)

● Atlas: Karten zum Verkehrsnetz

● Geo-Methoden: Verkehrszählung, Auswertung von Luftbildern, Pro-Kontra-Diskussionen über den Ausbau von (Regional-)Flughäfen

● Internet: Webkameras zur aktuellen Verkehrslage, interaktive Karten (Beispiel: Flughäfen von Deutschland)

Interessante Internetadressen:

– Aktuelle Verkehrssituation mit Webcams: Köln: www.koelnverkehr.de/

– Frankfurt: www.svb.frankfurt.de/Video/index.html
– Luftbilder:
http://earth.google.com/
www.d-luftbild.de/
– Interaktive Karte Flughäfen:
www.diercke.de/webmap/flughafen_deu.html
Mehrwert: Einsicht, dass jeder Schüler durch seine Mobilität an diesen räumlichen Prozessen mit beteiligt ist

Thema: Landwirtschaft – ☹

Medien und Methoden:
- Schulbuch: Grundwissen
- Atlas: Karten zur Bodengüte etc.
- Exkursion: Betriebserkundung
- Versuch: Bodenproben untersuchen
- Internet: virtueller Besuch eines Bauernhofs oder Pro-Kontra-Diskussion: Gentechnik und Landwirtschaft

Interessante Internetadressen:
– Virtuelle Exkursion zu einem Bauernhof: www.bauernhof.net
– Pro-Kontra-Diskussion zu Landwirtschaft und Gentechnik: www.diercke.de/methods/methods.html
Mehrwert: Attraktivität durch Perspektivenvielfalt

YS

2.2 Originale im Unterricht

Neben der originalen Begegnung im Gelände (→ Kapitel 6) lebt natürlich auch der Unterricht im Klassenzimmer vom Realitätsbezug. Hier können originale Gegenstände dazu dienen, geographische Fragestellungen zu veranschaulichen und zu erarbeiten.

Im Laufe der Zeit lassen sich vielfältige Gegenstände sammeln (z. B. auf Urlaubsreisen), die für den Unterricht interessant sind. Kombiniert mit einer passenden Fragestellung führen sie schnell mitten hinein in die geographische Untersuchung. Nachfolgend einige Beispiele für lohnende Sammelobjekte und mögliche Fragestellungen:

Originale Gegenstände	Fragestellung
Konservendosen (Fleisch aus Argentinien, Tomaten aus Spanien)	Müssten Fleisch aus Südamerika und Dosengemüse aus Spanien nicht viel teurer sein als heimische Produkte?
Zeitungen aus anderen Ländern (arabische, asiatische, slawische)	Weltgeschehen aus einer anderen Perspektive: Wie berichten andere Staaten über Ereignisse, die die Welt bewegen?
Kleidungsstücke (bzw. Etiketten)	Wo kommt unsere Kleidung her?
Importwaren (z. B. Hightech-Produkte aus Asien)	Warum kommen so viele unserer technischen Geräte nicht aus Deutschland?
Reis (verschiedene Arten)	Warum ist Reis für die Ernährung der Weltbevölkerung so bedeutsam?
Olivenprodukte (z. B. eingelegte Oliven, Olivenöl, Kosmetika aus Oliven wie Handcreme, Haarshampoo, Bodylotion)	Warum wird der Olivenbau häufig in seiner Bedeutung unterschätzt?
Europäisches Weichholz und tropische Hölzer (Reste aus Schreinereien, Baumärkten)	Warum sind die tropischen Hölzer für uns so attraktiv?
Hartlaubgewächse, Granatäpfel	Wie haben sich die Pflanzen an die Naturbedingungen angepasst?
Baumwollkapsel (gibt es im Blumenladen)	Wie sieht das Ausgangsmaterial für unsere T-Shirts aus? Welche Anbaubedingungen braucht Baumwolle?

Etikettenanalyse

Die Wirtschaftsgeographie erscheint häufig auf den ersten Blick abstrakt und wenig schülernah. Mit Produkten aus der Lebenswelt der Schüler können aber auch die Globalisierung, Standortverlagerungen in der Industrie oder internationale Arbeitsteilung schnell schülernahe Themen werden. Anhand weniger Fragestellungen lassen sich diese Themen dann beispielsweise im Rahmen einer Unterrichtssequenz „Unsere Kleidung" attraktiv gestalten, und abstrakte wirtschaftsgeographische Fachbegriffe werden automatisch in die Unterrichtsstunde integriert.

Woher kommt deine Kleidung?

Hier ist jeder Schüler gefordert, die entsprechende „empirische Forschung bzw. Untersuchung" selbst durchzuführen. Im eigenen Kleiderschrank finden sich ausreichend Etiketten, die Hinweise auf die Herkunft der Kleidung geben. Werden diese in eine stumme Weltkarte (Staaten der Erde, vgl. Kopiervorlage auf S. 40) eingetragen, entwickelt jeder Schüler seine eigene „Kleiderwelt".

Etikett eines Tommy-Hilfiger-Poloshirts – eine US-Trendmarke, hergestellt in Mexiko

- Suche in deinem Kleiderschrank nach Etiketten, die Hinweise auf die Herkunft der Kleidungsstücke geben.
- Trage die Ergebnisse deiner Analyse in die Weltkarte ein.

Wo verkaufen und wo produzieren bekannte Bekleidungshersteller?

Einige Bekleidungshersteller haben eine sehr offene Informationspolitik und stellen Daten über die Herkunft der Waren, Produktionsstandorte und Arbeitsbedingungen usw. im Internet zur Verfügung. Die Firma Hennes & Mauritz ist hier ein beliebtes Beispiel, da viele Schüler Produkte dieser Firma tragen und mittlerweile in allen für H&M hergestellten Kleidungsstücken das Herstellungsland im Etikett aufgedruckt ist.

Bekannt ist, dass H&M seinen Hauptsitz in Schweden hat. Wo aber die Kleidung überall verkauft wird, überrascht ganz sicher – und wo sie hergestellt wird, noch viel mehr.

H&M-Filiale in Chicago

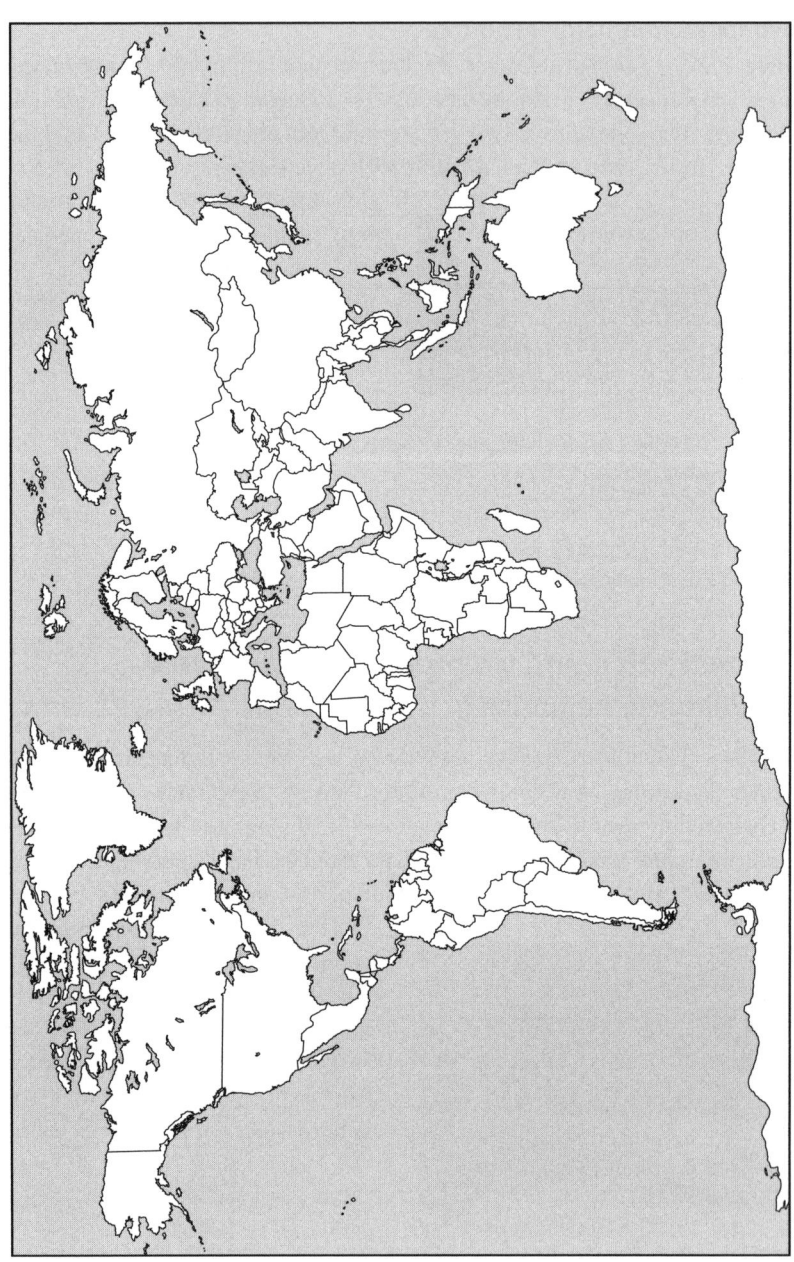

Weltkarte (Staaten politisch)

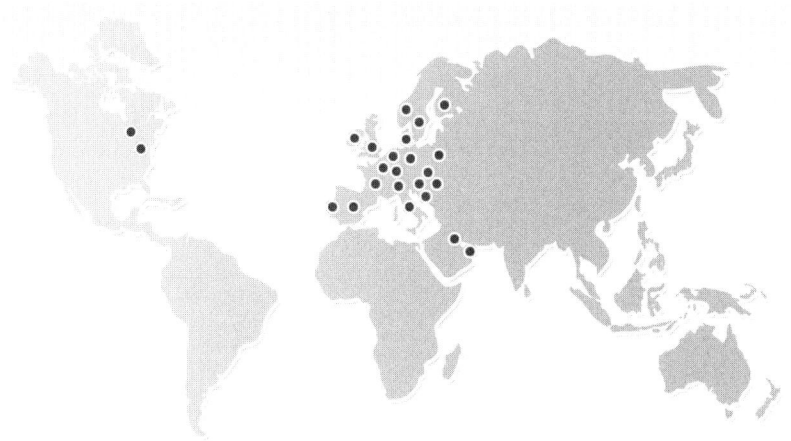

H&M-Vertrieb weltweit (gekennzeichnet sind Länder mit H&M-Filialen)

Wo auf der Welt verkauft H&M seine Kleidung?

Zu dieser Fragestellung können vorab eigene Beobachtungen der Schüler herangezogen werden. Die Homepage des Unternehmens (www.hm.com) gibt hierzu weitere Informationen, sodass auch eine Recherche auf der Firmen-Website sinnvoll sein kann. (Die weltweiten Vertriebsstandorte finden sich unter: www.hm.com/de.)

Wo wird die Kleidung von H&M hergestellt?

Diese Fragestellung ist mindestens genauso spannend und topographisch gesehen eine ideale Ergänzung. Auch hierzu gibt die Homepage der Firma Auskunft (s. o.).

Wir haben bei H&M Deutschland nachgefragt und erhielten folgende Antwort (April 2006):

> H&M hat keine eigenen Produktionsstätten. Stattdessen arbeitet H&M mit etwa 700 Zulieferern zusammen. Etwa 60% dieser Zulieferer sind in Asien angesiedelt, die restlichen 40% vorwiegend in Europa.
>
> Alle Zulieferer müssen einen „Codes of Conduct", einen Katalog für soziale Standards, sowie strenge ökologische Richtlinien einhalten. H&M kontrolliert die Einhaltung dieser Bestimmungen ... und bietet Hilfe in Form von Workshops etc. zur Verbesserung an.
>
> Weitere Informationen finden sich unter www.hm.com/csr.

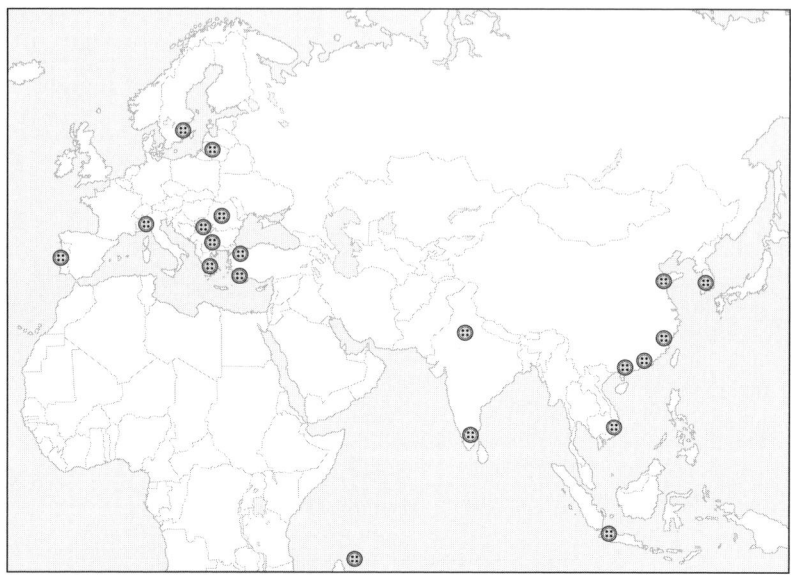

H&M-Produktionsbüros (nach einer Broschüre von H&M, 2005)

Wo lassen C&A, Aldi, Kaufhof, Esprit, Ralph Lauren, Boss und Armani ihre Kleidung produzieren?

Dieser Frage kann mit Hilfe der Abbildung auf Seite 43 nachgegangen werden. Sie gibt Auskunft über die internationalen Einkaufsstrategien in der Bekleidungsbranche (Global Sourcing).

Label H&M – Made in Bulgaria   *Label Ralph Lauren – Made in Bolivia*

Händler und ihre Einkaufsquellen

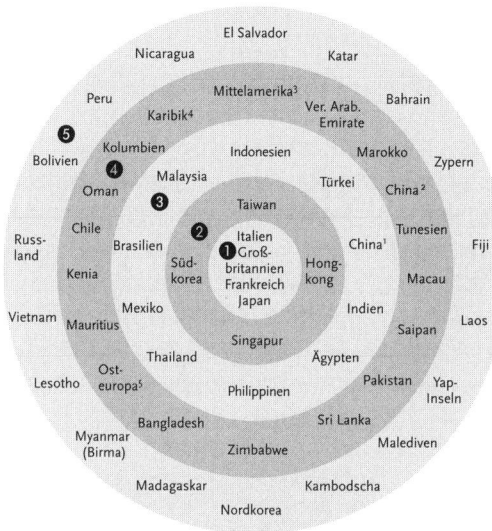

Modeorientierte Firmen
(Hugo Boss, Armani,
Gucci etc.): Ringe 1 und 2

Kaufhäuser und Fachgeschäfte
(Kaufhof, Esprit etc.):
Ringe 2, 3 und 4

Warenhäuser und
Handelsketten (C&A,
Woolworth, H&M etc.):
Ringe 2, 3 und 4

Discount-Märkte
(Aldi, Wal-Mart etc.):
Ringe 3, 4 und 5

Kleine Importeure:
Ringe 4 und 5

1Südchina
2Innere Provinzen
3Guatemala, Honduras, Costa Rica
4Dominikanische Republik, Jamaika, Haiti
5Polen, Tschechische Republik

*Bekleidungsindustrie: Internationale Einkaufsstrategien (vgl. KNOX/MARSTON 2001,
S. 369, nach BONACICH, E. u. a.: Global Production. Philadelphia 1994, S. 65)*

Wo werden unsere Schuhe produziert?

Schuhe sind ein ebenso spannendes Untersuchungsobjekt. Wie hoch ist der
Anteil der in China produzierten Turnschuhe in unserer Klasse? Oder warum kommen immer weniger Schuhe aus Deutschland und wie verlagert
sich die Schuhproduktion innerhalb von Europa?

Turnschuhe – Made in China

Turnschuh-Etikett

2.3 Informationen kritisch lesen

Kommen wir mit dieser Fluggesellschaft tatsächlich in Metropolen an?

Europäische Metropolen sind mit dem Flugzeug schnell und oft auch kostengünstiger zu erreichen als mit anderen Verkehrsmitteln. Ob wir aber mit jeder Fluggesellschaft tatsächlich in „Metropolen" ankommen, lohnt sich zu prüfen.

Fliegt diese Fluggesellschaft tatsächlich in aufregende „Metropolen"? Ob die Bezeichnung Metropole in Werbetexten immer treffend gewählt ist, lässt sich auch anhand der Websites von Fluggesellschaften untersuchen (z. B. www18.germanwings.com/de/reiseziele.html).

... unser Streckennetz ...

... mit 18 europäischen Metropolen?

Arbeitsauftrag

- Wo wird der Begriff Metropole in der Werbung verwendet?
- Prüfe, ob es sich dabei tatsächlich um eine Metropole handelt.

Über die Merkmale einer Metropole geben die folgenden Definitionen Auskunft:

Metropole: Hauptstadt, politischer, wirtschaftlicher und gesellschaftlicher Mittelpunkt eines Landes. Insbesondere zentralistisch regierte Staaten und viele Entwicklungsländer weisen eine alle anderen Großstädten an Größe und Bedeutung weit überragende M. auf (z. B. Paris, Athen bzw. Lagos, Teheran, Buenos Aires). Während Bundesstaaten wie Deutschland oder die Schweiz meist keine ausgeprägte M. besitzen. (Aus: Diercke Wörterbuch Allgemeine Geographie, S. 554)

Metropole: bedeutende Groß- oder Hauptstadt, die innerhalb eines Landes ein politisches, wirtschaftliches und gesellschaftliches Zentrum darstellt. Sie gehört neben dem Oberzentrum und der Regionalmetropole zur Kategorie der höheren Zentren. In Entwicklungsländern dominieren häufig wenige Metropolen in der Städtehierarchie des Landes. Ein Merkmal dieser Metropolen ist, dass mehr als 50 % ihres jährlichen Zuwachses aus Migration resultiert. (Aus: Lexikon der Geographie, Bd. 2, S. 378)

DIRK BRONGER hat sich um eine für Industrie- und Entwicklungsländer brauchbare Definition von Metropole bemüht:

Eine Metropole hat (...) eine Mindestgröße von 1 Mio. Einw. auf einem Gesamtraum mit einer Mindestdichte von 2.000 Einw./km² und einer monozentrischen Struktur ... (vgl. HEINEBERG 2001, S. 27).

(...) Innerhalb der Gruppe der höheren Zentren konnten drei Größentypen unterschieden werden, für die die Begriffe Metropole (Düsseldorf und Köln), Regionalmetropole (Essen, Bonn, Dortmund und Münster) sowie Oberzentrum (Aachen, Bielefeld, Duisburg etc.) verwendet wurden (vgl. HEINEBERG 2001, S. 89).

Wie wird das Leben in Deutschland von außen gesehen?

Arbeitsauftrag

Der folgende Beitrag „Living in Germany" wurde in einem amerikanischen Lehrbuch für Regionale Geographie abgedruckt.

- Welche Teile stellen das Leben in Deutschland falsch dar?
- Welche wesentlichen Merkmale des Lebens in Deutschland werden nicht erwähnt?

Living in Germany

The broad Rhine River valley floor just west of Heidelberg, Germany lies at the crossroads of the wealthiest part of Europe. It has old universities alongside high-tech industries such as Mercedes and IBM. People live in the ancient towns or in new communities built around old villages where the factories and houses are landscaped with a backdrop of wooded hills. The area is central to major European highways that lead to northern Germany and the low countries, south of Switzerland and the Alps, west of Strasbourg and Paris, and east to Frankfurt and Munich. The farming is very commercial and intensive; vine crops reflect the very warm summers.

Families where the parents both work in well-paid jobs have affluent lifestyles. As family life progresses, rented apartments give way to owned apartments or houses that are often built to personal specifications. Some houses have swimming pools and children's rooms may have their own bathrooms. Germans are fascinated by technology and acquire the latest home gadgets and entertainment systems as well as the latest Porsche, Mercedes, or BMW car styles if they can afford them.

Nearly all children attend public schools. Private schools exist, but it is unusual to send children there unless they need special instruction. Much education still has a humanistic base, including Latin. Children regularly go abroad, for example spending several weeks of the summer in the United States and a couple of weeks over Easter in the south of France. Student exchanges with other countries are very popular. Germans often speak several languages. Higher education is based on national test ratings, and there is a definite order of preference for local students beginning with Heidelberg, Freiburg, and Tuebingen, and putting Berlin last. Most students in the Heidelberg area avoid Berlin schools if they can for reasons that include their perceptions of lower educational standards and quality of life in Berlin, and feeling of superiority from living in a more affluent part of the country.

Healthcare presents alternatives. There is a government insurance program that is best for those who have large families, lower incomes, or are unemployed. Families may opt out of this scheme and take out private insurance, a preference where both partners are earning and there are two or fewer children. Each family goes to the same specialists for treatment, whether private or not. The government funded program is giving cause for concern over its expense, especially since it has been extended to the former East Germany.

Germans are very mobile, and those living near Heidelberg think nothing of driving to Strasbourg, France, for its hypermarkets, to a hairdresser in Frankfurt, or to Zuerich, Switzerland, to shop for clothes. They take holidays in all parts of the world and may spend winter weekends skiing in Switzerland or Austria and summer weekends in Paris. All types of leisure activities and a wide range of restaurants are available locally. Outdoor exercise is important to Germans, and there are many tennis courts, while in summer the lakeside areas are packed.

The political issues that were of concern to the Germans of this areas in the late 1990s included the problems of integrating the former East Germany, uncertainties over being able to keep up the present standard of living, and environmental concerns. Germans who do not have relatives in the former East Germany have a resentment of "the east" and tend to vote for one of several centrist or somewhat conservative political parties in reaction to their former fears of communist-inspired aggression or the resumption of Nazi influences. The right wing former Nazi parties have no power in modern Germany despite attracting publicity and winning some local elections in the east. The memories of World War II and the devastation outcome of the Hitler years (1933 to 1945) still form a major barrier.

Many Germans vote for the Green Party, especially in local elections. This is often seen as a way of keeping the main parties on their toes. But people also expect savings in materials and encourage recycling. German supermarkets charge for plastic bags, and there are deposits on all glass and plastic bottles; it is even possible to take washed bottles and get them refilled. Many shoppers unwrap goods they have paid for and leave the wrappings behind in the shop, which are required to recycle them.

Germany has become a more cosmopolitan society. The presence of multinational corporations leads to exchanges of personnel with other countries. The European Union brought increased economic exchange and travel among the countries of Europe. This greater awareness of the European cultures is significant in the wider range of foods that German families eat. Germans particularly favor American ways and contacts. Foreign, or "guest", workers are common in Germany and most from the Italians, Spaniards, and Portuguese, to the Thais and Vietnamese have mostly integrated well in the community, although they cannot become citizens. The Turks find it most difficult to be part of the German community, particularly in the main towns, where they have been targets of violence from extremist political groups.

(Aus: M. Bradshaw: World Regional Geography. The new global order. Updated second edition. McGraw Hill Higher Education, Boston, 2002, S. 316 f.; Abdruck mit freundlicher Genehmigung von McGraw-Hill Companies)

2.4 Routen- und Reiseplaner im Unterricht

Große Kartenverlage haben Routenplaner für die Verwendung auf dem heimischen PC oder als Online-Angebot entwickelt. Gibt man den Ausgangs- und Zielpunkt sowie weitere Parameter (z.b. das Umgehen mautpflichtiger Strecken) in das Programm ein, erhält man wenige Augenblicke später die „optimale" Route zum Zielort inklusive Abbiegehinweisen und Kartenausdruck in der gewünschten Auflösung – eine durchaus brauchbare Alternative zu den noch immer teuren Navigationssystemen.

Routenplaner ermöglichen auch im schulischen Kontext neue und interessante Anwendungsmöglichkeiten in verschiedenen Jahrgangsstufen, so z. B.:

● Untersuchung von Verkehrsprojekten (z.b. Bau neuer Autobahnen),
● Planung von Exkursionen oder Klassen- und Kursfahrten,
● Vorlagen für Flächennutzungskartierungen,
● Datengrundlage zum Erstellen von Reisezeit-Karten.

In Verbindung mit *Reiseplanern* kommen weitere interessante Aspekte hinzu:
● Verkehrsmittelvergleich nach Reisezeit,
● Analyse von Räumen mit geringer Verkehrsinfrastruktur,
● Erweiterung der Reisezeit-Karte.

Bei den Routenplanern gibt es kostenlose Online-Angebote und auch lokal zu installierende, kostenpflichtige Programme. Die hier genannten Reiseplaner sind alle kostenlos über das Internet verfügbar.

Routenplaner

Die lokal installierten, kostenpflichtigen Programme bieten einen deutlich größeren Funktionsumfang und mehr Möglichkeiten individueller Routen-Einstellungen als die kostenlosen Online-Angebote. Sollten beide Varianten aus technischen oder finanziellen Gründen in der eigenen Schule nicht realisierbar sein, können entsprechende Aufträge auch als Hausaufgabe oder Referat an Schülerinnen oder Schüler vergeben werden, die zuhause über einen Routenplaner oder Internetzugang verfügen. Für viele Anwendungen sind auch ältere Versionen von Routenplanern ausreichend, die vielleicht von den Eltern ausgemustert wurden und der Schule im Original überlassen werden können.

Lokal zu installierende Routenplaner (Auswahl)

- *Marco Polo Großer Reiseplaner* (PC-DVD). Sehr funktional, u.a. mit der Möglichkeit, weitere Daten zu Sehenswürdigkeiten und Sportmöglichkeiten per Download aus dem Internet einzufügen.
- *Großer Falk Reiseplaner* (PC-DVD). PC-Lösung eines der größten Straßenkartenverlage. Viele sinnvolle Funktionen und gute Bedienbarkeit.

Beide Programme verfügen über eine GPS-Schnittstelle zur Echtzeitnavigation mit dem Notebook, eignen sich gleichermaßen gut für die unten vorgeschlagenen Aufgaben und sind im Buchhandel, bei Computerdiscountern, direkt bei den Verlagen oder bei Onlinebuchhändlern erhältlich. Die von den Programmen errechneten Karten und Routen können direkt aus dem Programm auf alle gängigen PDAs übertragen werden, die somit zum handlichen Reiseatlas werden. Eine Echtzeitnavigation ist mit den PDAs und dieser Software aber nicht möglich. Hierfür bieten die Verlage separate Lösungen an.

Webbasierte Routenplaner (Auswahl)

Allen hier vorgestellten Online-Routenplanern gemeinsam ist ein erhebliches Werbeaufkommen auf der Internetseite, was angesichts der kostenlosen Routenberechnung nicht überrascht (beim „Falk Routenplaner" ist gar eine Hotelbuchung in die Routenansicht integriert):

- www.map24.de (etwas gewöhnungsbedürftige Bedienung)
- www.reiseplanung.de (übersichtlich und gut bedienbar)
- www.falk.de (gute Routenführung und verschiedene Kartenansichten)

Änderungen in der Streckenführung (z.B. der Ausbau der Ostsee-Autobahn A20) können auch in den Online-Routenplanern oftmals erst nach Monaten dargestellt werden.

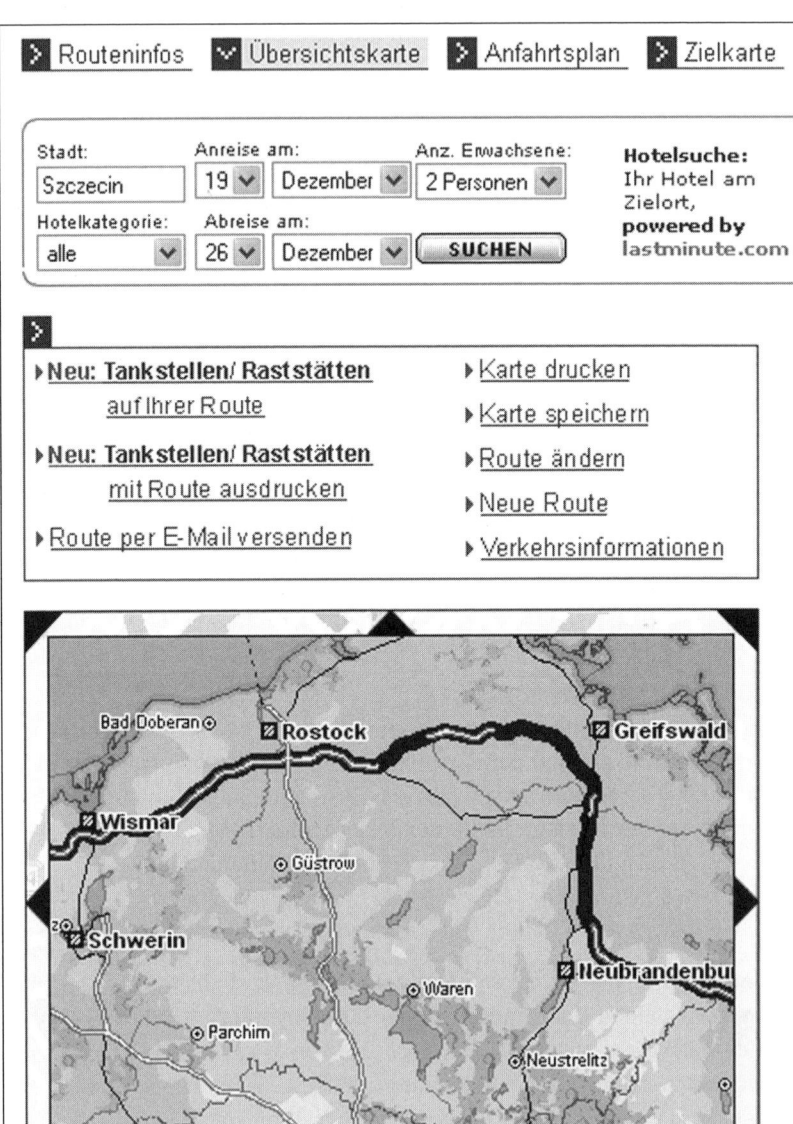

Ostsee-Autobahn im Dezember 2005 mit Kennzeichnung der neuen Teilstücke
(Routenplaner Falk online)

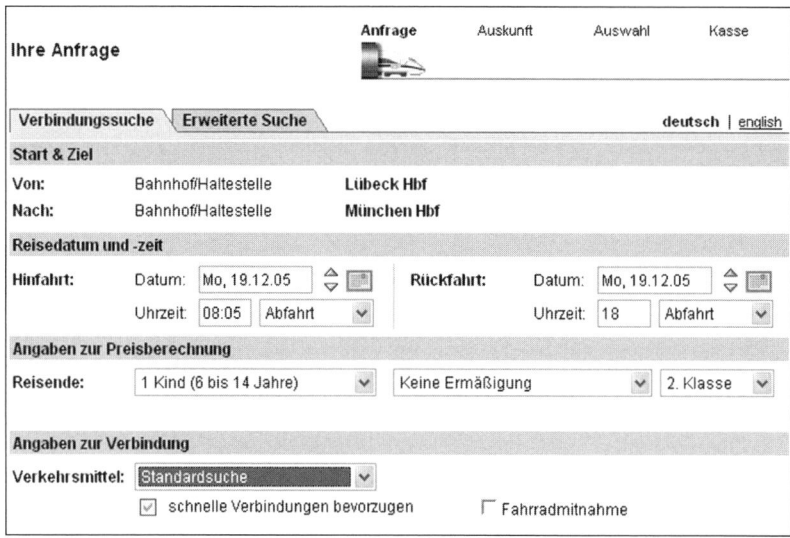

Suchmaske für Verbindungen der Deutschen Bahn (www.bahn.de)

Reiseplaner

Nun ist das Auto nicht die einzige Möglichkeit, um von einem Ort zum anderen zu gelangen. Die Bahn, Fluggesellschaften, Fähren und Busunternehmen bieten ebenfalls ihre Dienste an und informieren darüber im Internet. Damit wird das Netz zu einer unerschöpflichen Quelle von Reiseinformationen, die sich gut für den Unterricht nutzen lassen. Es bietet sich an, bei diesen Anwendungen von *Reiseplanern* zu sprechen und damit eine Abgrenzung zu den schon angesprochenen *Routenplanern* (s.o.) zu treffen, denn eine Route wird hier nicht berechnet. (Wer weiß vorher schon, ob der Flieger von Hamburg nach Alicante über die Pyrenäen oder über Marseille fliegt?) Einige dieser Programme (z.B. der Marco Polo Reiseplaner) werden von den Herstellern zwar Reiseplaner genannt, wir haben sie nach dieser funktionalen Unterscheidung aber den Routenplanern zugeordnet, da sie zum Teil auch über Online-Anbindungen an Bahn- oder Flugpläne sowie touristische Informationen verfügen.

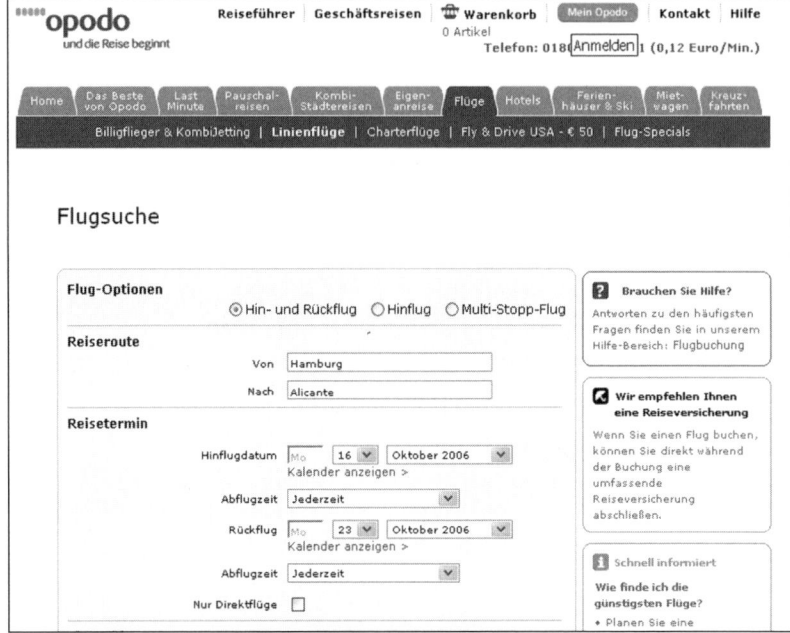

Nutzermenü zum Finden von Flugverbindungen (www.Opodo.de)

Online-Reiseplaner

Alle hier angegebenen Internet-Reiseplaner verfügen über intuitiv zu bedienende Suchfunktionen und bieten ein breites Angebot an Flügen, Bahnverbindungen und anderem mehr:

- www.bahn.de
- www.expedia.de
- www.opodo.de
- www.avigo.de
- www.reisen.de

Die genannten Internet-Reiseportale dienen ausschließlich kommerziellen Zwecken. Dieser Aspekt sollte auch den Schülern bewusst gemacht werden, nicht zuletzt wegen der eingeblendeten Werbung. Hier bietet sich auch eine fächerübergreifende Unterrichtseinheit mit dem Fach Deutsch zum Thema „Reisewerbung im Internet" an. So wird auch die Medienkompetenz der Lernenden aktiv gefördert.

Verkehrsprojekte erkunden – Beispiel Ostsee-Autobahn

„Verkehrswege verbinden Europa" ist ein Thema der Sekundarstufe I. Gerade vor dem aktuellen Hintergrund der EU-Osterweiterung bekommen viele Verkehrsprojekte eine überregionale Bedeutung, so auch die jüngst fertiggestellte „Ostsee-Autobahn" A 20 zwischen Lübeck und der polnischen Stadt Stettin (*Szczecin*).

Der neue Verkehrsweg lässt sich mit einem Routenplaner besser in Erfahrung bringen als mit Hilfe des Atlasses oder einer Wandkarte von Europa, die zumeist ohnehin veraltet ist. Wohl aber kann der mit dem Routenplaner ermittelte Weg anschließend auf der Wandkarte dargestellt werden. Das ist zugleich eine gute Verortungs- und Transferübung für Schüler der Sekundarstufe I, die zudem die Veränderungen der Verkehrswege deutlich macht. Statt der Wandkarte kann zunächst auch ein Arbeitsblatt zum Einsatz kommen, sodass jeder Schüler diese Transferleistung einzeln erbringen muss.

Arbeitsaufträge

- Wie lange dauert die Fahrt von Lübeck nach Stettin und welche Route ist am besten geeignet?
- Wie verlief die Fahrtroute vor dem Bau der Ostsee-Autobahn und wie lange dauerte die Fahrt?
- Erkläre die Vor- und Nachteile, die mit der neuen Streckenführung verbunden sind.

Hintergrundinformation: Der schnellste Weg von Lübeck nach Stettin führte noch im Jahr 2003 über Berlin und beanspruchte rund 4 Stunden und 20 Minuten.

Die Ostsee-Autobahn verbindet wichtige maritime Standorte, und alle beteiligten (Bundes-)Länder setzen große Hoffnungen in diese Strecke: vereinfachter Warenaustausch, Erschließung peripherer Regionen vor allem in Mecklenburg-Vorpommern sowie eine Entlastung der bisherigen Land- und Bundesstraßen und damit auch weniger Lärm- und Schadstoffemissionen in bewohnten Gebieten.

Es gab aber auch Proteste gegen die neue Strecke, von Anrainern der Trassenführung und von Umweltschützern, die eine Durchquerung empfindlicher Biotope verhindern wollten. Beides lässt sich mit Hilfe des Atlasses und des folgenden Zeitschriftenartikels erschließen.

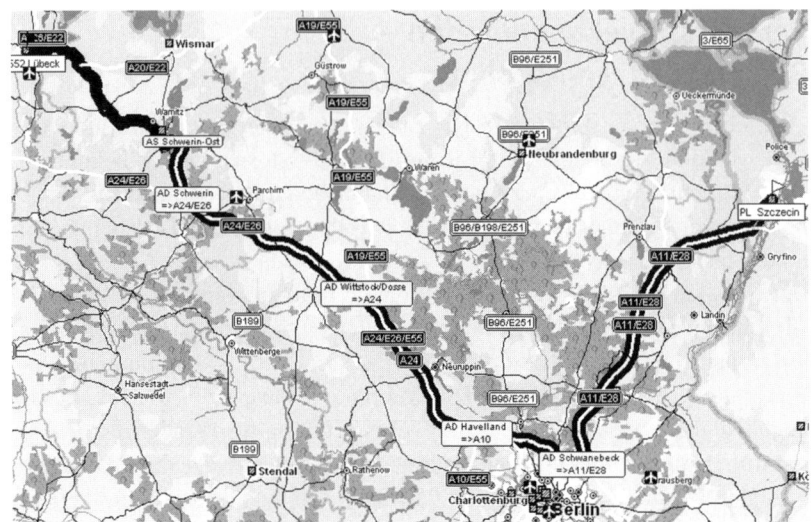

Schnellste Verbindung von Lübeck nach Stettin im Jahr 2003, vor Fertigstellung der Ostsee-Autobahn: 4 h, 20 min (Marco Polo Reiseplaner)

„Spiegel Online" berichtet am 7.12.2005 über die Ostsee-Autobahn:

Merkel gibt Ostsee-Autobahn für Verkehr frei

Tribsees – Auf der Ostsee-Autobahn 20 rollt nach mehr als zehn Jahren Bauzeit seit heute der Verkehr: (...) Zur 323 Kilometer langen Trasse zwischen der A 1 bei Lübeck und der A 11 an der polnischen Grenze bei Stettin gehören unter anderem 105 Autobahnbrücken, vier Autobahnkreuze und 35 Anschlussstellen. Die Baukosten lagen bei 1,9 Milliarden Euro.

Merkel sagte, die Autobahn werde die Wirtschaft und den Tourismus in der Region stärken. Das Projekt sei tief in der Bevölkerung verankert.

Tiefensee erklärte, die A 20 verbinde die alten und die neuen Bundesländer sowie Ost- und Westeuropa. Er bezeichnete die Autobahn als eines der wichtigsten Straßenbauvorhaben, die seit der deutschen Wiedervereinigung realisiert worden seien.

An der Veranstaltung in Tribsees nahmen Vertreter aller drei Bundesländer teil, durch die die A 20 führt – Schleswig-Holstein, Mecklenburg-Vorpommern und Brandenburg (...)

Krötentunnel und zehn Wildbrücken

(...) Das Projekt war in der Vergangenheit vor allem bei Umweltschützern auf Ablehnung bis hin zu Protestdemonstrationen und gerichtlichen Klagen gestoßen. Andererseits hatten Handwerker und Tourismusanbieter wiederholt für die schnelle Fertigstellung der A 20 demonstriert. Schwierig gestaltete sich auch der Grunderwerb für die Trasse. Mit mehr als 2600 Eigentümern und Pächtern mussten Kaufverhandlungen geführt werden.

Nach Angaben der DEGES machten die umfangreichen Umwelt-Ausgleichsmaßnahmen für die A 20 zehn Prozent der Baukosten aus. Dafür wurden unter anderem allein zehn Wildbrücken und etliche Krötentunnel gebaut, Bepflanzungen vorgenommen oder biologisch arbeitende Auffangbecken für Oberflächenwasser geschaffen. Nach Meinung von Experten erreicht die Autobahn die höchsten Umweltstandards aller deutschen Schnellstraßen. (...)

(www.spiegel.de/reise/aktuell/0,1518,389141,00.html)

Verkehrsmittel-Vergleich: Beispiel Lübeck–München

Arbeitsauftrag

Finde die schnellste Verbindung, um am nächsten Montag von Lübeck nach München ins Deutsche Museum zu kommen.

Auch diese Aufgabenstellung eignet sich in der Sekundarstufe I beim Thema „Verkehrswege verbinden Europa". Die Entscheidung für ein Verkehrsmittel kann erst getroffen werden, wenn alle Alternativen hinreichend genau betrachtet wurden, was auch in arbeitsteiligen Gruppen denkbar ist. Um möglichst schnell von Lübeck nach München zu gelangen, müssen verschiedene Verkehrsmittel gekoppelt werden (z.B. Bahn und Flugzeug). Daher sollten für diese Aufgabenstellung Fahr- und Flugpläne zugänglich sein. Reiseplaner im Internet bieten hierfür aktuelle Informationen. Sich in diesen Plänen zu orientieren, sie überhaupt erst zu finden und dann auch auszuwerten, stellt eine Aufgabe mit hohem Lebensweltbezug dar. Noch vielschichtiger wird die Aufgabe, wenn diese Ergebnisse anschließend mit den Berechnungen der Routenplaner verglichen oder auch ökologische Fragen in die Entscheidung mit einbezogen werden. Dies setzt allerdings voraus, dass der Umgang mit Routenplanern und das Thema „Ökologie und Reisen" zuvor im Unterricht behandelt wurden.

Arbeitsauftrag

Berücksichtige bei deiner Entscheidung für ein Reisemittel von Lübeck nach München auch dein Wissen zum Thema Umweltschutz.

Am Ende dieser Unterrichtssequenz werden die Lernenden zu einem begründeten Urteil gelangen, ihre Entscheidung mit Hilfe selbstrecherchierter Fakten belegen und an einer Karte darstellen können. Die dazu notwendigen Internetadressen sollten von der Lehrkraft vorgegeben werden. Zielloses Umherirren im Netz wäre ohne jeden didaktischen Mehrwert und würde nur wertvolle Unterrichtszeit kosten.

Flächennutzungskartierungen erstellen: Beispiel Hamburg

Die meisten Lehrpläne für die Sekundarstufe II sehen Aspekte der Siedlungsgeographie vor. Von den Schülern erstellte Flächennutzungskartierungen sind hier eine verbreitete Übung, schärfen den Blick, und ihre Auswertung ermöglicht Einsichten in raumplanerische Zusammenhänge. Diese Kartierungen erfordern jedoch auch einiges an Vorbereitung. Werden sie im Rahmen von Exkursionen in fremden Städten durchgeführt, müssen

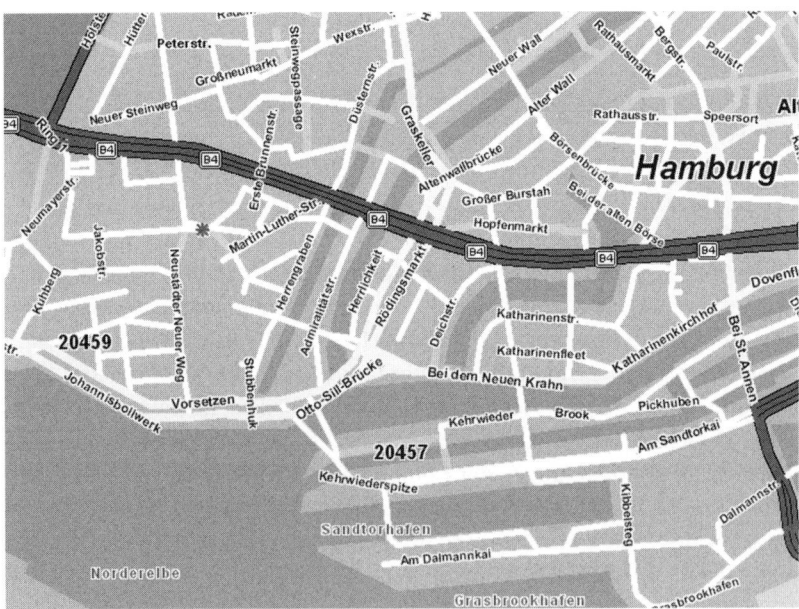

Detailansicht der Hamburger Innenstadt mit Speicherstadt und Teilen der Hafencity (Marco Polo Reiseplaner)

fehlende Ortskenntnisse mit Hilfe geeigneter Karten, die auch die Straßennamen enthalten, ausgeglichen werden.

Routenplaner eignen sich für diese Aufgabe in besonderer Weise, denn sie ermöglichen die freie Wahl eines Kartenausschnittes in gewünschter Auflösung, den Export dieses Kartenausschnittes als Grafikdatei sowie das Drucken oder Einbinden in Lernmodule, Präsentationen oder Dokumente (Urheberrechte beachten). Die Vorbereitung, Durchführung und Auswertung von Exkursionen wird damit erheblich erleichtert. Diese Funktionen stehen in den verschiedenen Online-Reiseplanern meist nicht in dieser Form zur Verfügung oder erfordern hierfür eine Registrierung des Nutzers, sodass für diesen Zweck *lokal installierte Programme* (z. B. der Marco Polo Reiseplaner) meist am besten geeignet sind. Die so gewonnenen Kartenausschnitte können von den Schülern wiederum während der Exkursion für die Flächennutzungskartierungen verwendet werden, da sie neben den Verkehrswegen kaum weitere Signaturen enthalten und damit viel Platz für eigene Signaturen und Einträge bieten.

Im Rahmen einer Exkursion zur Hamburger Hafencity könnte der Arbeitsauftrag lauten:

Arbeitsauftrag

- Kartiere die Art der Gebäudenutzung sowie die Geschosszahl der Gebäude auf der Strecke Neuer Wall, Graskeller, Altenwallbrücke, Rödingsmarkt, Bei dem Neuen Krahn, Kehrwieder Brook bis zum Dalmannkai.
- Erkläre deine Beobachtungen anhand dir bekannter städteplanerischer Theorien.
- Trage die Lage der Hamburger Hafencity in die vorliegende Karte ein und skizziere dabei die verschiedenen Bauabschnitte.

Hinweis: Hierbei ist vor allem darauf zu achten, dass die Hafencity und die Speicherstadt als voneinander völlig unabhängige Projekte erkannt und entsprechend kartiert werden. Die Speicherstadt ist nicht Teil der Hafencity und umgekehrt, auch wenn die bauliche Nähe dieses zuweilen vermuten ließe.

Hier weitere mögliche Aufgabenstellungen im Rahmen der Themenfelder „Stadtökologie" und „Raumplanung", die auch auf andere Städte anwendbar sind:

Arbeitsauftrag

Kartiere die nicht bebauten Grünflächen in der Innenstadt mit Hilfe sinnvoller Signaturen und erkläre ihre Funktion für die Stadt und ihre Bevölkerung.
Ermittle die Warengruppen der Geschäfte in der Haupteinkaufsstraße vom Bahnhof bis zum Rathaus und halte diese in der Karte fest. Begründe deine Beobachtungen.

Die während der Exkursion gewonnenen Erkenntnisse lassen sich später auch am PC mit Routenplaner und Beamer in der Klasse auswerten. Optimal ist es, wenn hierfür ein interaktives Whiteboard zur Verfügung steht. Die Gruppen können dann ihre Ergebnisse in verschiedenen Farben direkt auf dem Whiteboard einzeichnen und diese Daten später in eine Datei übernehmen, um sie für alle Beteiligten auszudrucken.

Reisezeit-Karten – Zeit statt Kilometer

Mit Routenplanern lässt sich die Reisezeit recht genau ermitteln. In der Sekundarstufe II kann damit u. a. beim Thema „Disparitäten in Deutschland und Europa", und hier insbesondere beim Unterthema „Verkehr und Erreichbarkeit", eine Reisezeit-Karte erstellt werden. Das folgende Beispiel für eine Aufgabenstellung bezieht sich auf Hamburg, alternativ kann als Ausgangspunkt aber auch der Heimatort oder ein Oberzentrum in seiner Nähe gewählt werden.

Arbeitsauftrag

Berechne von Hamburg ausgehend mit Hilfe des Reiseplaners die Reisezeit per Auto zu den Metropolen Berlin, Kopenhagen, Istanbul, Madrid, London, Moskau, Riga, Rom, Prag, Wien, Zürich und Paris sowie zu den kleineren deutschen Städten Kappeln, Plön, Bad Langensalza, Celle, Bad Berleburg, Sigmaringen, Schongau, Suhl, Schwedt und Trostberg.

Ergebnisse von Hamburg aus: Berlin (2 h 46), Kopenhagen (4 h 21), Istanbul (25 h 39), Madrid (20 h), London (9 h 16), Moskau (26 h 06), Riga (18 h 26), Rom (15 h 28), Prag (6 h 46), Wien (10 h 22), Zürich (8 h 12) und Paris (8 h 13) sowie zu den eher kleinen deutschen Städten Kappeln (1 h 55), Plön (1 h 22), Bad Langensalza (4 h 09), Celle (1 h 38), Bad Berleburg (4 h 24), Sigmaringen (7 h 46), Schongau (7 h 45), Suhl (5 h 02), Schwedt (3 h 45) und Trostberg (8 h 30). Der Vergleich der Reisezeiten mag teilweise überraschen, ist Prag im Kopf doch oftmals weiter von Hamburg entfernt als Sigmaringen.

Erstellen der Reisezeit-Karte

Geographisch gesehen liegen die Städte in einer fest definierten Entfernung und einem bestimmten Winkel zum Ausgangspunkt. Für die Kartendarstellung bleibt dieser Winkel bestehen, die Entfernung wird nun jedoch durch die Reisezeit ersetzt und am besten mit einem Bleistift auf Millimeterpapier abgetragen. Dazu werden zwei Bögen aneinandergeklebt, die Klebelinie dient dabei als Anlegelinie zum Abtragen der Winkel mit dem

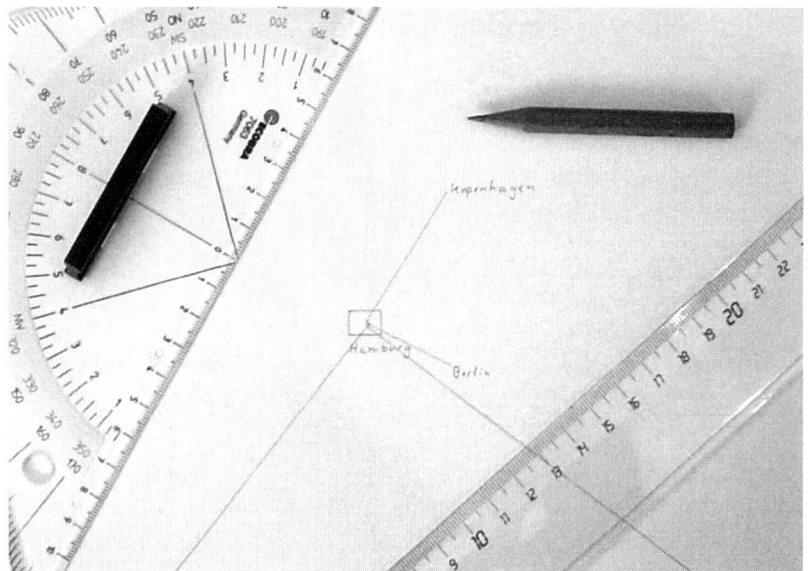

Alte und neue Medien im Verbund: Erstellen einer Reisezeit-Karte mit Geodreieck und Lineal zu den vom Routenplaner errechneten Werten

Geodreieck. Ein Zentimeter entspricht einer Stunde Reisezeit, ein Millimeter wiederum sechs Minuten. Dazu benötigt man dann lediglich noch eine Europakarte zum Messen der Winkel, ein Geodreieck, ein langes Lineal (30 cm) und viel Zeit, denn das ganze Unterfangen füllt gut eine Doppelstunde. Das Ergebnis wird eine stark verzerrte Europakarte sein. Bringt man diese dann mit einer auf Folie kopierten Europakarte (Maßstab etwa 1:5 000 000) annäherungsweise in Deckung, werden die Verzerrungen besonders deutlich.

Eine solche Karte kann im Unterricht aus Gründen der technischen Realisierbarkeit nur ausgehend von einem Ort (hier Hamburg) erstellt werden. Die vermeintlichen Reisezeiten zwischen den Metropolen und ihre Lage zueinander, die sich durch die Zeichnung scheinbar ergeben, sind dabei nicht korrekt und können daher nicht abgelesen werden, wie ein Test (z.B. mit Bremen und Riga) schnell zeigen wird.

Global Village – London liegt bei Cloppenburg

Berücksichtigt man beim Erstellen einer Reisezeit-Karte Europas (oder zum Thema „Globalisierung" in der Sekundarstufe II auch der Welt) jeweils nur die schnellstmögliche Reiseverbindung zwischen zwei Orten, die mit Hilfe der Routen- und Reiseplaner ermittelbar ist, ergibt sich wiederum ein ganz neues Kartenbild.

Arbeitsauftrag

- Ermittle zu den Städten London und Cloppenburg die jeweils schnellste Verbindung und trage die Reisezeit in eine Reisezeit-Karte ein.
- Beschreibe und erkläre die Veränderungen, die sich gegenüber der Reisezeit-Karte für die Autoverbindungen ergeben.
- Beurteile diese Veränderungen vor dem Hintergrund der Globalisierung.

Europa und die Welt scheinen auf die Größe eines Bundeslandes zu schrumpfen und es kommt zu einer enormen Verdichtung der Städte auf engem Raum. Von Hamburg aus betrachtet, drohen London und Cloppenburg beinahe zu verschmelzen. Auch weit entfernte Länder und Städte lassen sich somit in relativ kurzer Zeit erreichen. Die Globalisierung von Märkten wird also in erheblichem Maße von den inzwischen sehr guten Reise- und Transportverbindungen unterstützt, ja überhaupt erst ermöglicht. Aber auch der Tourismus profitiert von diesen Transportwegen. Auf der anderen Seite können sich über die weltweiten Touristen- und Warenströme aber auch Krankheiten und Seuchen, wie etwa die Vogelgrippe, deutlich schneller und großflächiger ausbreiten, als dies noch vor der Erfindung von Eisenbahn und Flugzeug möglich gewesen ist.

Europas weiße Flecken: Beispiel Oslo–Bergen

Auch beim Thema „Disparitäten in Deutschland und Europa", Sekundarstufe II, lassen sich Reise- und Routenplaner einsetzen. Europas Verkehrswege sind zwar insgesamt gut ausgebaut, dennoch gibt es Regionen, die schlechter zu erreichen sind als andere: Weite Teile Skandinaviens, Teile Osteuropas, Zentralspaniens aber auch Gebiete in Deutschland (z. B. Mecklenburg-Vorpommern) verfügen über eine schlechtere Infrastruktur als die großen europäischen Ballungsräume. Die Reisezeiten können so trotz relativ geringer Kilometerzahlen recht lang sein.

Arbeitsauftrag

Berechne die Entfernung und die Reisezeit mit dem Pkw für die Strecken Oslo–Bergen und Hamburg–Frankfurt.

Erkläre und begründe dein Ergebnis mit Hilfe des Atlasses und dir bekannter Strukturdaten beider Länder.

Hintergrundinformation: Die Entfernung zwischen Oslo und Bergen beträgt gerade einmal 500 Kilometer, dennoch benötigt man mit dem Auto für diese Strecke acht Stunden. Bei der Strecke Hamburg–Frankfurt, ebenfalls 500 Kilometer, beträgt die Reisezeit jedoch nur viereinhalb Stunden. Die geringe Bevölkerungsdichte Norwegens, seine Weitläufigkeit und die, zumindest aus straßenbaulicher Sicht, ungünstigen Umweltbedingungen (Gebirge, passreiche Straßen, viele Tunnel) führen zu dieser vergleichsweise langen Reisezeit. Autobahnen finden sich in Norwegen nur sehr vereinzelt in der Nähe von größeren Städten. Und selbst auf diesen Autobahnabschnitten gilt eine Höchstgeschwindigkeit von 100 bis 120 km/h, deren Einhaltung durch zahlreiche festinstallierte „Blitzer" kontrolliert wird.

Arbeitsauftrag

Finde mit Hilfe des Atlasses und des Reiseplaners „Expedia" sinnvolle Alternativen, um in vertretbarer Zeit von Oslo nach Bergen zu gelangen.

Hintergrundinformation: Die oben genannten geographischen Bedingungen haben zu deutlichen Konsequenzen für das skandinavische Verkehrsnetz geführt: Beinahe jede Mittelstadt und in höheren Breiten sogar viele Kleinstädte verfügen über einen eigenen Flughafen, der regelmäßig von Kopenhagen, Oslo oder Stockholm angeflogen wird. Für etliche Arbeitnehmer ist es selbstverständlich, am Wochenbeginn mit dem Flugzeug in eine der Metropolen zu fliegen, um dort zu arbeiten, am Wochenende geht es dann auf dem gleichen Weg zurück. Die traditionsreiche Schiffsverbindung auf der Hurtigroute entlang der norwegischen Küste stellt heute kaum mehr eine wirtschaftliche Alternative zum Auto- oder Flugverkehr dar, übt aber eine große Anziehungskraft auf Nordlandtouristen aus. Lediglich für einige Teile Nordnorwegens ist diese Schiffsverbindung insbesondere im Winter die einzige Möglichkeit, versorgt zu werden.

KJ

2.5 Aktuelle Themen

Aktuelle Arbeitsfelder der Geographen

Die Inhalte der Geographie verändern sich fortlaufend. Zentrale Themen sind aus der heutigen Perspektive folgende:

Die Geographie und die Herausforderungen des 21. Jahrhunderts

1. Zeitbombe Bevölkerungswachstum: Wie viele Menschen verträgt die Erde?
2. Städte, Metropolen und Megastädte: Dynamische Steuerungszentren und globale Problemräume
3. Stadtökologie – mehr als Natur in der Stadt
4. Landschaft – kein Buch mit sieben Siegeln. Landschaftsinterpretation entschlüsselt das Natur- und Kulturerbe auf unterhaltsame Weise
5. Wo bleibt der Bauer? Das neue Gesicht ländlicher Räume
6. Kulturlandschaften – Archive der Vergangenheit oder Wirtschaftsräume der Gegenwart?
7. Wohin mit den Hochwässern?
8. Hochgebirgsforschung: Zwischen Alpen, Anden und Himalaya
9. Trifft es nur die Armen? Der Meeresspiegelanstieg und seine Folgen für die Küstentiefländer der Erde
10. GIS und Fernerkundung – Werkzeuge in der Mensch-Umwelt-Forschung für die Zukunft
11. Klima im Wandel – global, regional, lokal
12. Globalisierung und Fragmentierung. Eine Welt in „Bruchstücken"
13. Globalisierung und Regionalisierung – Neues Wissen entscheidet über die ökonomische Zukunft von Ländern und Regionen
14. „Kulturerdteile" im Wandel? Politische Konflikte und der „Kampf um Kulturen"
15. Entwicklungsländer – Ferne Räume ganz nah
...

(vgl. EHLERS/LESER 2002, Inhaltsverzeichnis)

Arbeitsauftrag

● Was beschäftigt heutige Geographen?
● Welche zentralen Problemfelder werden im abgedruckten Ausschnitt dieser Gliederung angesprochen?
● Welche weiteren Problemfelder gibt es?

Bevölkerungsgeographie
Zukunftsszenario Weltbevölkerung

Arbeitsauftrag

Das Wachstum der Weltbevölkerung ist eine große Herausforderung im 21. Jahrhundert.

- Formuliere ein Szenario, wie sich die Weltbevölkerung bis zum Jahr 2050 entwickelt hat.
- Vergleiche mit dem nachfolgenden Zukunftsszenario. Welche Unterschiede kannst du feststellen?

Hier eine Darstellung von ALEXANDER KARAN, die im Rahmen einer Hausarbeit formuliert wurde (2006):

Das Jahr 2050: 10 Milliarden Menschen leben auf der Erde. Einige Staaten sind völlig übervölkert. Dürren, Wassermangel, Hungersnöte und Epidemien sind an der Tagesordnung. Auch Deutschland hat große Probleme. Eine überalterte Gesellschaft steckt mitten im finanziellen Kollaps. Das Durchschnittsalter liegt bei über 55 Jahren. Die kleine zur Produktivität des Landes beitragende, arbeitende Bevölkerungsschicht vermag es nicht mehr, die riesigen finanziellen Lasten für „Jung" und überwiegend „Alt" zu tragen. Schuldenberge erdrücken das Land. Wird es so kommen, oder handelt es sich bei solch düsteren Prognosen um Schwarzmalerei?

Tatsache ist, dass wir in den letzten Jahrzehnten das größte Bevölkerungswachstum auf der Erde verzeichneten, das es jemals gegeben hat. Am 12. Oktober 1999 gaben die Vereinten Nationen bekannt, dass die Weltbevölkerung die Sechs-Milliarden-Marke erreicht habe.

Tatsache ist außerdem, dass wir schon seit Längerem die enormen und regional sehr unterschiedlichen Auswirkungen und Probleme der Bevölkerungsentwicklung erkennen können. In einigen Staaten wurden daher, wie z. B. in China mit der Ein-Kind-Politik, auch schon einschneidende Maßnahmen eingeleitet. Und dennoch gibt es immer noch Entwicklungsländer mit relativ hohen Geburtenraten und einer explosionsartigen Bevölkerungsentwicklung. In den Industriestaaten kommt es dagegen aufgrund geringer Geburtenraten zu einer Schrumpfung der Gesellschaft. Die Schicht der Jüngeren wird immer kleiner, wohingegen es immer mehr ältere Menschen gibt. Die ersten drastischen, für jedermann spürbaren Folgen können wir schon heute in der aktuellen Tagespolitik erkennen. Die sozialen Sicherungssysteme sind finanziell überlastet, und die riesigen Summen der durch Umlage finanzierten chronisch kranken Rentenkasse können von der arbeitenden Schicht kaum noch getragen werden. Doch dies scheint nur die Spitze des Eisberges zu sein.

DSW-Datenreport zur Weltbevölkerung – Eine Chronologie der letzten Jahre

Jedes Jahr veröffentlicht die Deutsche Stiftung Weltbevölkerung die sozialen und demographischen Daten zur Weltbevölkerung. Ihr DSW-Datenreport ist beim Thema Bevölkerungsgeographie eine sinnvolle Ergänzung zu den Informationen der Schulbücher – einfach zu organisieren und interessant zu verfolgen. Der DSW-Datenreport erscheint jährlich im Herbst und ist in seiner aktuellsten Ausgabe jeweils als Download verfügbar (www.weltbevölkerung.de).

Die Einstiegstexte nennen von Jahr zu Jahr die wesentlichen Trends. Nachfolgend sind die Berichte der letzten Jahre zitiert.

DSW-Datenreport 2005

Vorwort

Heute leben etwa 6,5 Milliarden Menschen auf der Erde. Die Weltbevölkerung ist sozusagen auf halbem Weg zur siebten Milliarde. Erst 1999, vor sechs Jahren, wurde die Sechs-Milliarden-Marke erreicht. Überall auf der Welt, auch in vielen Entwicklungsländern sind die Kinderzahlen pro Frau zwar stetig zurückgegangen. Die Menschheit wächst aber immer noch um 80 Millionen jährlich, 95 Prozent dieses Wachstums finden in den Entwicklungsländern statt.

Ein Rückgang der Fertilitätsrate, also der Kinderzahlen pro Frau, ist ausschlaggebend für die Verlangsamung des Bevölkerungswachstums. Die große Mehrheit der Entwicklungsländer unterstützen Familienplanungsprogramme. Aber viele Faktoren erschweren diese Bemühungen. Den Regierungen fehlt mitunter das Geld oder das politische Durchsetzungsvermögen, um die Programme umzusetzen. Oftmals stehen soziale und kulturelle Normen der Realisierung von politischen Maßnahmen zur Senkung der Geburtenraten entgegen. In vielen Ländern verhindert eine mangelhafte Infrastruktur die adäquate Versorgung der Bevölkerung mit Dienstleistungen der reproduktiven Gesundheit, wie Beratung zu Familienplanung und Verhütung, Schwangerenfürsorge, Geburtshilfe und HIV/Aids-Prävention.

(Aus: DSW-Datenreport 2005, S. 2–3)

Zwei Lebensläufe: Beza und Anna

Beza
lebt in Äthiopien und ist eines von sieben Kindern.

Anna
lebt in Deutschland und hat einen älteren Bruder.

Ihr Alter 6 Jahre: Sie geht nicht zur Schule, weil ihre Eltern die Gebühren nur für ihre Brüder bezahlen können. Stattdessen sammelt sie Feuerholz und hilft ihrer Mutter im Haushalt und bei der Feldarbeit.

Ihr Alter 13 Jahre: Beza heiratet einen 15 Jahre älteren Mann, den ihr Vater für sie ausgesucht hat, und bekommt ihr erstes Kind.

Ihr Alter 19 Jahre: Ihr zweites Kind stirbt.

Ihr Alter 29 Jahre: Während der fünften Schwangerschaft treten schwere Komplikationen auf.

Ihr Alter 33 Jahre: Nach der Geburt ihres sechsten Kindes hat Beza zum ersten Mal die Möglichkeit, Verhütungsmittel in Anspruch zu nehmen. Sie bekommt keine weiteren Kinder mehr.

Ihr Alter 36 Jahre. Beza hat schon drei Enkel.

Ihr Alter 46 Jahre: Beza stirbt.

Ihr Alter 6 Jahre: Anna wird eingeschult. Nach der Schule spielt sie mit Freunden. Zweimal die Woche geht sie zum Ballettunterricht.

Ihr Alter 13 Jahre: Sie kann lesen und schreiben. Sexualaufklärung ist Thema im Unterricht.

Ihr Alter 16 Jahre: Anna geht noch zur Schule. Sie macht ihre ersten sexuellen Erfahrungen und weiß, wie sie eine Schwangerschaft verhütet und sich vor Aids schützt.

Ihr Alter 19 Jahre: Sie beginnt zu studieren und zieht in eine andere Stadt.

Ihr Alter 29 Jahre: Anna heiratet. Sie hat das Studium vor zwei Jahren beendet und ist berufstätig.

Ihr Alter 33 Jahre: Anna bekommt ihr zweites Kind. Ihre Familie ist jetzt komplett.

Ihr Alter 36 Jahre: Sie beginnt wieder in ihrem Beruf zu arbeiten.

Ihr Alter 62 Jahre: Anna wird Großmutter.

Ihr Alter 81 Jahre: Anna stirbt.

(Aus: DSW-Datenreport 2005, S. 2–3)

Arbeitsauftrag

- Vergleicht die Biografien von Beza und Anna.
- Welche Maßnahmen hätten insbesondere das Leben von Beza positiv verändern können?

DSW-Datenreport 2004

Weltbevölkerung – Die Trends auf einen Blick

Das Weltbevölkerungswachstum findet zu 99 Prozent in den Entwicklungsländern statt. Die Bevölkerungszahl in den meisten Industrieländern sinkt, nur die USA erleben aufgrund von Migration und einer vergleichsweise hohen Geburtenrate ein größeres Bevölkerungswachstum. Am schnellsten wächst die Bevölkerung in Niger. Dort werden zur Mitte des Jahrhunderts 53 Millionen Menschen leben. In Bulgarien fällt der Bevölkerungsrückgang – von heute acht Millionen auf rund fünf Millionen in 2050 – am stärksten aus.

Die Unterschiede in der Fertilität sind so groß wie noch nie. Während Frauen in einigen Ländern Afrikas südlich der Sahara und des Mittleren Ostens durchschnittlich sechs bis acht Kinder zur Welt bringen, liegen die Kinderzahlen in Osteuropa bei etwas über einem Kind pro Frau. Die regionalen Durchschnittswerte verdecken jedoch sehr unterschiedliche Zahlen und Trends innerhalb von Regionen und einzelnen Ländern. Die USA weisen mit zwei Kindern pro Frau eine der höchsten Fertilitätsraten unter den reichen Ländern auf. Andere Industrieländer liegen weit darunter.

Die regionalen Unterschiede in der Altersstruktur verschärfen sich. Die Bevölkerung der Entwicklungsländer wird allein durch ihre junge Altersstruktur und die höheren Kinderzahlen pro Frau weiter wachsen. Hohe Fertilitätsraten in der Vergangenheit und sinkende, aber immer noch vergleichsweise hohe Kinderzahlen pro Frau garantieren in vielen armen Ländern ein anhaltendes Wachstum für weitere Jahrzehnte. Das Gegenteil ist in den Industrieländern der Fall. Ein sehr geringer Anteil junger Menschen an der Bevölkerung führt zu einem Rückgang der Bevölkerungszahlen. Selbst ein nennenswerter Anstieg der Geburtenraten könnte diese Entwicklung nicht aufhalten. In Japan sind lediglich 14 Prozent der Bevölkerung unter 15 Jahre alt, 19 Prozent sind über 65. Zum Vergleich: Fast die Hälfte der Menschen in Afrika ist unter 15 und nur drei Prozent der Afrikaner sind über 65.

(Aus: DSW-Datenreport 2004, S. 2–3)

- Tragt in eine Weltkarte die durchschnittliche Anzahl der Kinder je Frau ein (z. B. USA: 2/Deutschland: 1,3/Stand 2005). Die aktuellsten Daten findet ihr über www.weltbevoelkerung.de (DSW-Datenreport). Dabei könnt ihr arbeitsteilig nach Kontinenten Gruppen bilden.
- Bildet nun Kategorien und erstellt eine neue Karte mit einer Legende (z. B.: bis zwei Kinder, bis drei Kinder ...).

Für diese Aufgabe kann die Kopiervorlage auf Seite 40 verwendet werden.

Die Jugend der Welt

Mehr als eine Milliarde Jugendliche (15–24 Jahre) leben derzeit auf der Erde, 85 Prozent von ihnen in den Entwicklungsländern. Für die folgende Aufgabenstellung können Folien, ein Blatt mit einer stummen Weltkarte (→ Kopiervorlage auf Seite 40) oder auch ein Bettlaken zur Verfügung gestellt werden. Als Ausschneide-Vorlage für hundert Jugendliche dient die Abbildung auf Seite 68. Bei der Arbeit mit dem Bettlaken können runde Moderationskarten als Mensch-Symbol verwendet werden.

Jugend der Welt
(aus: DSW-Datenreport 2004, S. 2)

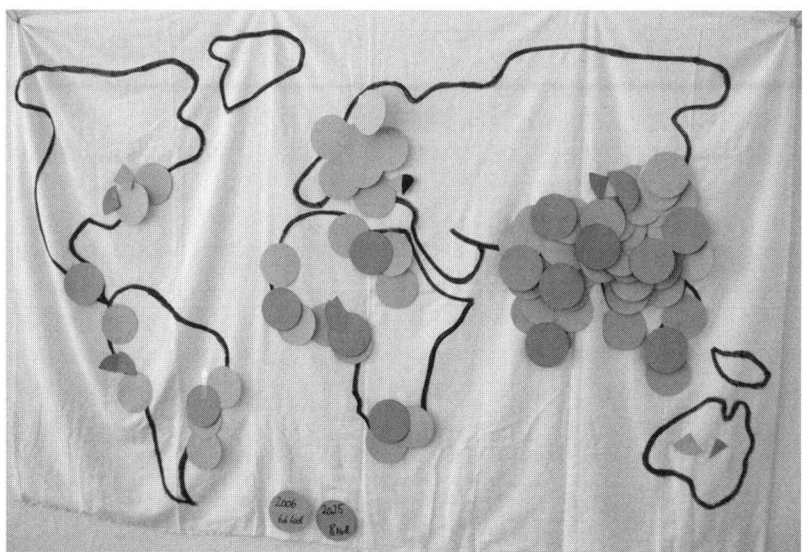

Bevölkerung 2006 (6,6 Mrd. Menschen) und 2025 (8 Mrd.) inkl. Siedlungsschwerpunkte, dargestellt auf einem Bettlaken

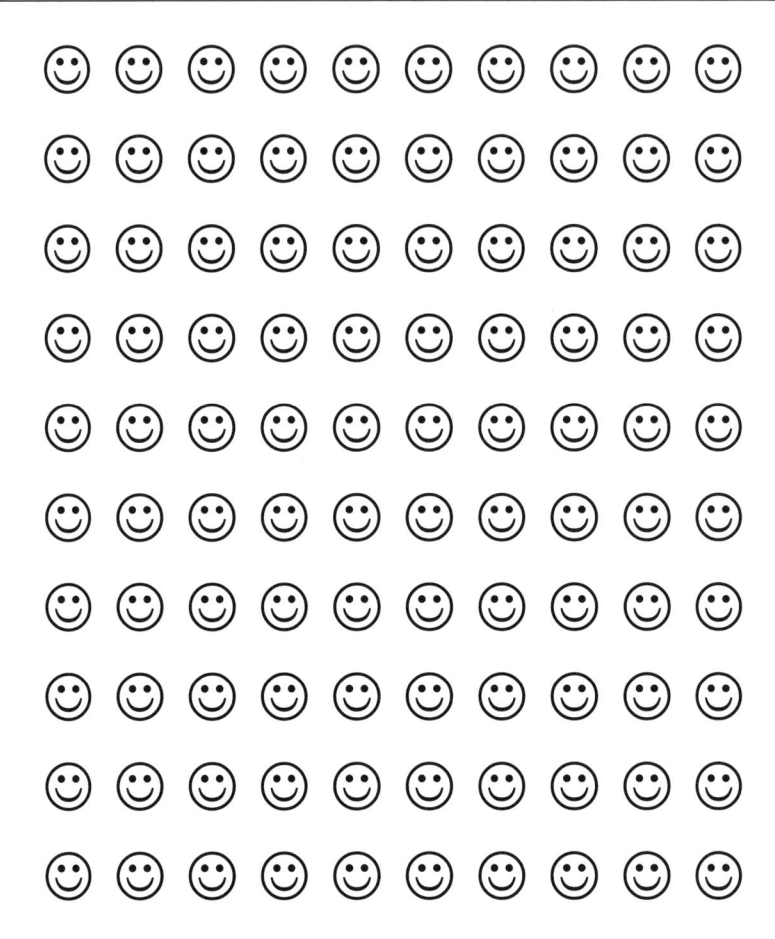

Kopiervorlage: Hundert Jugendliche

Arbeitsauftrag

Stelle die in der Abbildung „Jugend der Welt" dargestellte Situation auf einer Weltkarte dar.
- Welche Auswirkungen hat diese Verteilung möglicherweise auf die Entwicklung von zukünftigen Innovationen und technischem Fortschritt?
- Ergeben sich aus dieser Verteilung weitere Auswirkungen?

DSW-Datenreport 2003

Mit jedem Jahr treten die Unterschiede in der Bevölkerungsentwicklung zwischen den Industrieländern und den Entwicklungsländern deutlicher hervor. Wie der diesjährige DSW-Datenreport zeigt, liegt die Gesamtfruchtbarkeitsrate – also die durchschnittliche Zahl der Kinder pro Frau – in den Industrieländern bei lediglich 1,5. In den Entwicklungsländern hingegen bringen Frauen im Durchschnitt 3,1 Kinder zur Welt. Ohne China sind es sogar 3,5 Kinder pro Frau. Diese divergenten Trends verfestigen die zunehmend unterschiedliche Entwicklung der Bevölkerungszahlen in den Industrieländern und den Entwicklungsländern.

Regionale Unterschiede verstärken sich

Der Rückgang der Fertilität in Europa ist kein neues Phänomen. Die Kinderzahlen pro Frau sind hier schon seit Jahren sehr niedrig. Die europäische Bevölkerung altert. Der Mangel an jungen Menschen ist mit die Hauptursache für den künftigen Bevölkerungsrückgang in Europa.

Bislang waren die USA das einzige Industrieland, in dem die Kinderzahlen pro Frau auf dem sogenannten Ersatzniveau der Fruchtbarkeit von durchschnittlich etwa 2,1 Kindern pro Frau lagen. Eine Revision der Gesamtfruchtbarkeitsrate in den USA hat jedoch ergeben, dass die durchschnittliche Kinderzahl pro Frau von 1,056 im Jahre 2000 auf 2,034 im Jahre 2001 gesunken ist.

Wachstum hier – Rückgang dort

Zentralafrika wird in den kommenden 50 Jahren das größte Bevölkerungswachstum verzeichnen. Die Bevölkerung wird sich fast verdreifachen – von 104 Millionen in 2003 auf 305 Millionen im Jahre 2050. An zweiter Stelle folgt Westafrika: Bis zur Mitte des Jahrhunderts wird die Bevölkerungsgröße Westafrikas um 142 Prozent zunehmen. Die Bevölkerungszahl im südlichen Afrika, das besonders von der Aids-Epidemie betroffen ist, wird hingegen bis 2050 um voraussichtlich 22 Prozent sinken. Ein dramatischer Rückgang, den Experten auch in der jüngsten Vergangenheit nicht vorausgesehen haben. In den Regionen Lateinamerika und Zentralamerika wird die Bevölkerungszahl voraussichtlich um 60 Prozent steigen. (...) In Asien wird sich die Bevölkerung Westasiens bis 2050 mehr als verdoppeln. In Ostasien hingegen, wo derzeit 1,5 Milliarden Menschen leben, wird die Zahl der Einwohner um lediglich fünf Prozent steigen. Grund dafür ist im Wesentlichen die niedrige Fertilität in China. In Europa wird die Bevölkerungszahl Nordeuropas leicht zunehmen (um etwa sechs Prozent). Der Rest des Kontinents wird einen Bevölkerungsrückgang erleben.

(Aus: DSW-Datenreport 2003, S. 3)

Arbeitsauftrag

Stelle diese Aussagen grafisch in einer Weltkarte dar.

Wenn die Welt ein Dorf mit nur 100 Einwohnern wäre ...

Wenn die Welt ein Dorf mit nur
100 Einwohnern wäre, wären davon:

Bevölkerung

14 Afrikaner
5 Nordamerikaner
12 Europäer
9 Lateinamerikaner
und 60 Asiaten.
30 wären Kinder unter 15 Jahren,
7 Dorfbewohner wären älter als 65.
50 Menschen im Dorf sind Frauen,
50 sind Männer.

Armut

44 Dorfbewohner
würden von weniger als
2 Euro
pro Tag
leben.
18 Menschen hätten keinen
Zugang zu sauberem Trinkwasser.

2003

Familienplanung

Im Durchschnitt bekämen die Frauen 3 Kinder.
Von den 25 Frauen, die zwischen 16 und
49 Jahren alt sind und in einer Partnerschaft
leben, wenden 14 eine Verhütungsmethode an.

2050

Zukunft

Die Zahl der Dorfbewohner würde jährlich um
eine Person steigen. Im Jahre 2050 würden
bereits 146 Menschen im Dorf leben:
31 Afrikaner
7 Nordamerikaner
10 Europäer
13 Lateinamerikaner
und 85 Asiaten

(vgl. DSW-Datenreport 2003, S. 2).

Arbeitsauftrag

Stelle diese Situation auf einer Weltkarte nach.

Für diese Aufgabe kann die Kopiervorlage auf Seite 40 verwendet werden.

Weltweite Umweltzerstörung

Jeden Tag

| belasten 65 Millionen Tonnen Kohlendioxid (CO$_2$) die Atmosphäre | werden 55 000 Hektar Tropenwald vernichtet |

| werden 220 000 Tonnen Fisch gefangen | sterben 100 bis 200 Tier- und Pflanzenarten aus |

nimmt das verfügbare Ackerland um 20 000 Hektar ab

Umweltzerstörung, weltweit (vgl. Umweltministerium Baden-Württemberg 2004, S. 6)

Arbeitsauftrag

Erstelle auf der Basis einer stummen Weltkarte eine Abbildung, die diese Fakten regional verortet und mit Beispielen belegt. Verwende dazu auch Zeitungsberichte und Zeitschriftenartikel.

Die Erde bei Nacht – Abbild der Hauptwirtschaftsregionen

Das zusammengesetzte Satellitenbild zeigt die Erde bei Nacht. Weite Teile unseres Planeten, wie z. B. der riesige Kontinent Afrika, liegen im Dunkeln. Die Zentren in Europa, Amerika und Asien sind dagegen hell erleuchtet. Die bis in den Weltraum sichtbaren Punkte stehen für hohe Lebensqualität. Das sind die Plätze, an denen viele Menschen gut leben und wo Geld verdient wird. Gleichzeitig wird hier die meiste Energie verbraucht, CO$_2$ ausgestoßen und damit auch die Umwelt belastet. (Aus: Umweltministerium Baden-Württemberg 2004, Posterbeilage)

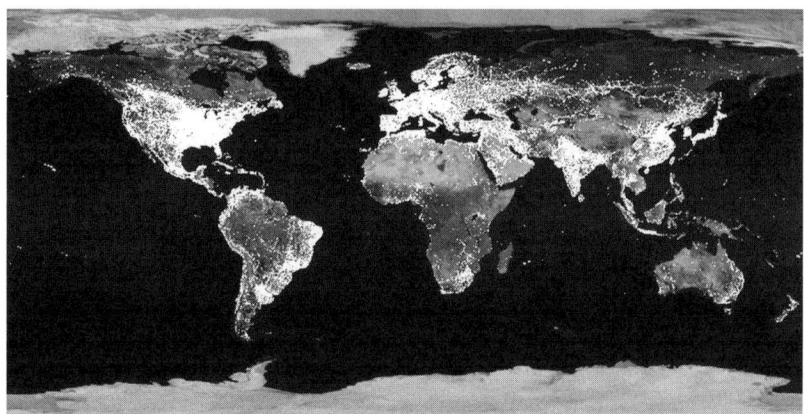

Die Erde bei Nacht (aus: Umweltministerium Baden-Württemberg, 2004)

Nachtaufnahmen von der Erde können auch über das Internet eingesehen werden (z.B. über www.google.de, dort Bildsuche wählen und als Suchbegriff „Die Erde bei Nacht" eingeben).

Arbeitsauftrag

Vergleicht das Satellitenbild der Erde bei Nacht mit der Verteilung der Bevölkerung (Atlaskarte).

YS

Fahnen und Flaggen

Seit jeher dienen Fahnen und Flaggen als Erkennungszeichen. Ihre Farben, Formen, Muster und Symbole sind nicht zufällig, sondern ihre Gestaltung und Beschreibung folgt festen Regeln. Ihre Herkunft und Bedeutung wird von der Heraldik (Wappenkunde) beschrieben. (Näheres hierzu vgl. Inglefield 1980 und http://de.wikipedia.org/wiki/Flaggen)

Heute haben Fahnen und Flaggen ganz unterschiedliche Funktionen. Sie verbinden (z.B. Fans von Fußballvereinen), sind Ausdruck persönlicher (Reise-)Interessen (z.B. als Aufkleber am Autoheck), Zeichen einer Gemeinschaftsidee (z.B. die olympische Flagge) und Symbol staatlicher Zugehörigkeit (z.B. auf Trikots von Sportlern oder Uniformen von Soldaten). Zuweilen sind sie auch Ausdruck regionaler Abgrenzung (z.B. ETA) oder Mittel der Absicherung in gefährlichen Regionen (z.B. die Fahne des Roten Kreuzes).

Im Unterricht eignen sich Fahnen und Flaggen in besonderer Weise als Originale für den Einstieg in ein Thema, aufgrund ihrer Symbolik können sie aber auch selbst Gegenstand des Unterrichts sein. Bei genauem Betrachten und kombinierendem Überlegen erschließt sich zuweilen Interessantes über die Geschichte des jeweiligen Landes oder der Region.

● So kann die Fahne der USA, zu Beginn einer Unterrichtseinheit zum Thema Amerika in der Klasse angebracht, ein wirksamer stiller Impuls sein. Das Thema wird jedem sofort klar sein, die Bedeutung der Sterne und Streifen ist möglicherweise schon aus dem Englischunterricht bekannt, sodass an vorhandenes Wissen angeknüpft werden kann.

● In ähnlicher Weise kann auch die Flagge der Europäischen Union Impuls für einen Einstieg in das Thema Europa sein.

Themeneinstieg: Naher Osten

Die Flagge der Arabischen Liga, die in unseren Breiten eher unbekannt ist, kann z.B. für den Einstieg in das Thema *Naher Osten* genutzt werden.

Flagge der Arabischen Liga

Arbeitsauftrag
Beschreibe diese Fahne und überlege, woher sie stammen könnte. Der Halbmond und die arabischen Schriftzeichen geben Hinweise.

Themeneinstieg: Englisch- und französischsprachiges Kanada

Auch die schon früh durch die Kolonialmächte begonnene Globalisierung hat ihre Spuren auf zahllosen Fahnen hinterlassen.

So zeigt die Fahne der kanadischen Provinz British Columbia im oberen Drittel eine leichte Abwandlung des *Union Jack*, der Fahne des *British Empire*, frühere Kolonialmacht dieser Provinz. Die Wellen und die untergehende Sonne sind Hinweise auf die Lage am Pazifischen Ozean.

Stellt man diese Fahne neben die der französischsprachigen Provinz Quebec, die das französische Lilienwappen (fleur-de-lis) enthält, lässt sich die sprachliche, kulturelle und ideologische Teilung Kanadas, die bis heute fest in den Köpfen vieler Kanadier verwurzelt ist, gut thematisieren.

Fahne von British Columbia   *Fahne von Quebec*

Arbeitsauftrag

Diese beiden Fahnen stammen aus Kanada. Beide geben Hinweise auf die Geschichte ihrer Herkunftsregion.
Versuche die Symbole zu deuten, und überlege, welche historischen Bezüge deutlich werden.

Sprachgeschichte und Geographie: Dublins Fahne

Auf vielen Fahnen sind geographische Besonderheiten symbolisch dargestellt. So zeigt die Fahne der Stadt Dublin – neben drei brennenden Festungen – auf einem Schild einen Schriftzug, der für Nicht-Iren kaum korrekt auszusprechen ist: „Baile Átha Cliath", was so viel bedeutet wie „Dorf bei der Furt an der Schilfhürde".

Fahne der irischen Hauptstadt Dublin

Auch der Name „Dublin" ist sprachgeschichtlich aus dieser Umschreibung hervorgegangen, er ist die englische Form von „Dubh Linn" (irisch für „Schwarzer Tümpel"). Die Fahne gibt dem Betrachter somit geographische Informationen, die sich mit Hilfe des Atlasses genauer untersuchen lassen.

Arbeitsauftrag

   ◉   Lies den Schriftzug auf Dublins Fahne laut.
   ◉   Erkläre mit Hilfe geeigneter Quellen die Bedeutung dieses Schriftzuges und seine Beziehung zum heutigen Stadtnamen.
   ◉   Erkläre mit Hilfe des Atlasses, warum die Schöpfer dieses Wappens gerade diesen Schriftzug für Dublin wählten.

Quiz: Flaggensymbole

Die Internetadresse http://de.wikipedia.org/wiki/Flaggen gibt Lehrenden und Lernenden eine gute Einführung in den Aufbau von Fahnen und Flaggen und eignet sich als Nachschlagewerk für Fahnen aller Art. Zu dieser deutschsprachigen Website sind auch gezielte Suchaufgaben oder Rätsel denkbar. Sie lassen sich mit Hilfe von zwei Notebooks mit Internetzugang oder im Computerraum auch gut als Spielshow inszenieren (zwei Gruppen treten gegeneinander an) und laden damit zu einer lehrreichen Weltreise ein.

Die Arbeitsaufträge können z.B. lauten:

● Beschreibe die Flagge der Åland-Inseln.

● Erkläre, warum die Flagge von Makedonien eine gelbe Sonne zeigt.

Missbrauch von Symbolen

Im Zusammenhang mit dem Thema „Fahnen und Symbole" kann auch auf deren Missbrauch eingegangen werden. Der größte Missbrauch hat wohl durch die Nationalsozialisten stattgefunden. Das Hakenkreuz, das u.a. auf ein germanisches Runenzeichen zurückgeht, steht seit dieser Zeit als Symbol für Angst und Schrecken und grausamste Verbrechen gegen die Menschlichkeit. In Deutschland verbietet deshalb § 86 des Strafgesetzbuches die Verwendung des Hakenkreuzes. Ausgenommen sind wissenschaftliche Darstellungen und solche zur verfassungsgemäßen politischen Aufklärung.

KJ

Leben in bedrohten Gebieten – Küstenschutz in Schleswig-Holstein

„Das Land zwischen den Meeren", Schleswig-Holstein, ist wie kaum ein anderes Bundesland vom Wasser geprägt, abhängig und auch bedroht. Rund 340 000 Menschen und etwa 170 000 Arbeitsplätze werden im Küstengebiet mit erheblichem, auch finanziellem Aufwand geschützt. (Weitere Informationen des Innenministeriums unter www.kuestenschutz.schleswig-holstein.de.)

Die Lehrpläne für die Sekundarstufe II sahen bisher zum Thema „Leben in bedrohten Gebieten" Beispiele wie Bangladesh vor, Schleswig-Holstein fand kaum konkrete Berücksichtigung. Nun wurde im Auftrag des Innenministeriums von Schleswig-Holstein eine Unterrichtseinheit zum Thema

„Küstenschutz in Schleswig-Holstein" (Heft und CD-ROM) entwickelt, die
sich vor allem an Lehrkräfte und Schüler der Sekundarstufe II wendet, das
Einstiegsmodul eignet sich aber auch für die Sekundarstufe I. Das Projekt
wurde finanziert von der EU im Rahmen von COMRISK (weitere Informationen dazu unter www.comrisk.org).

Multimedia-Angebot „Küstenschutz in Schleswig-Holstein"

Mit Hilfe Geographischer Informationssysteme (GIS) werden sechs in sich
geschlossene Module mit allen zur Erarbeitung notwendigen Aufgaben, Inhalten und Methoden bereitgestellt – von den technischen Grundlagen des
Küstenschutzes bis hin zum Schadenspotenzial und der Erstellung von
metergenauen Überflutungsszenarien der Küstenabschnitte. Ebenso enthalten sind Filmsequenzen, Fotos, Zeichnungen, Software zur Erstellung
von Umfragen, GIS-Daten der Küstenbereiche. Das Angebot umfasst außerdem speziell auf die Nutzung von GIS abgestimmte Aufgaben und eine
leicht verständliche Kurzanleitung für den Gebrauch des „Diercke GIS".
Für die Auswertung und Präsentation sowie für Exkursionen finden sich
viele brauchbare und sofort umsetzbare Anregungen und Vorschläge. Das
Material kann auch für die Vorbereitung und Gestaltung von Abiturprü-
fungen genutzt werden.

Bei der Erarbeitung der Inhalte und handlungsproduktiven Aufgaben werden neue Medien genutzt, die Materialien und ein Großteil der Aufgaben
lassen sich aber bei fehlender Ausstattung auch konventionell einsetzen
(z.B. mit Hilfe farbiger Kopiervorlagen). Die Module können auch einzeln
im Unterricht behandelt werden, die veranschlagte Dauer liegt zwischen
zwei und zwanzig Unterrichtsstunden.

Die Nutzung erfordert keine landesspezifischen Vorkenntnisse, sodass die
Unterrichtseinheit in allen Bundesländern eingesetzt werden kann. Viele
der behandelten Aspekte gelten auch für andere Küstengebiete wie Nie-
dersachsen, Hamburg oder Mecklenburg-Vorpommern.

Das Angebot hat aus mediendidaktischer Sicht Modellcharakter, und die
angewendeten Techniken, Methoden sowie Programme lassen sich auch
auf andere Themen des Erdkundeunterrichtes übertragen (Bestelladresse:
www.iqsh.de, s. Literaturhinweise zu diesem Kapitel).

Hinweis: Die Arbeit am Thema Küstenschutz kann bereichert werden durch
den digitalen „Satellitenatlas Deutschlands" (D-Sat). Er enthält einen ein-

Bilder- und Mediengalerie der interaktiven CD-ROM „Küstenschutz in Schleswig-Holstein" (unten: Sandaufspülung vor Sylt)

fachen und frei über Deutschland steuerbaren Flugsimulator, der einen eindrucksvollen Flug über die Küstengebiete ermöglicht (s. Unterrichtssoftware auf CD-ROM, → S. 163 f.).

KJ

Gentechnik in der Landwirtschaft

„Grüne Gentechnik"

Für die Erzeugung gentechnisch veränderter Nutzpflanzen hat sich umgangssprachlich die Bezeichnung „Grüne Gentechnik" eingebürgert, in Abgrenzung zu anderen Bereichen der Gentechnologie, die sich mit transgenen Mikroorganismen und mit Erbmaterial von Tier und Mensch befassen. Die Grüne Gentechnik verfolgt das Ziel, Pflanzen mit erhöhter Widerstandsfähigkeit gegen Schädlinge oder Herbizide, aber auch gegen Trockenheit oder Kälte zu erhalten.

Dieses ebenso aktuelle wie umstrittene Thema allein dem Biologieunterricht zuzuordnen, greift etwas zu kurz, erstreckt es sich doch auch über
verschiedene Bereiche der Geographie-Lehrpläne für die Sekundarstufe II:
Globalisierung, weltwirtschaftliche Verflechtungen, Landwirtschaft (in be-
nachteiligten Gebieten), Nachhaltigkeit, Böden, Klima, Bewirtschaftungs-
formen, sozioökonomische Einflüsse, Welternährung, Umweltpolitik und
vieles andere mehr.

Das Thema Gentechnik wird im Biologieunterricht behandelt, wo Grundlagen zur weiteren Bearbeitung beispielsweise im Fach Geographie gelegt
werden. Es bietet sich aber auch in besonderer Weise für ein fächerüber-
greifendes Projekt an, bei dem vor allem eine Beteiligung der Fächer Biologie, Geographie, Wirtschaft und Politik in Betracht kommt. Inwieweit hier
verschiedene Kurse oder nur verschiedene Lehrkräfte innerhalb eines
Kurses kooperieren, hängt in erster Linie von den Organisationsstrukturen
der eigenen Schule ab. Die Vielschichtigkeit dieses Themas und die unüber-
schaubare Fülle von Quellen erfordern aber eine inhaltliche Vorstrukturie-
rung durch die Lehrkraft bzw. Lehrkräfte.

Thematische Ansätze für den Unterricht

Der weltweite Nahrungsbedarf wird sich durch die Zunahme der Weltbevölkerung und eine Tendenz zur Veredelung von pflanzlichen Produkten
hin zu tierischen Erzeugnissen (steigende Fleisch-, Eier- und Milchproduk-
tion) zwischen 1995 und 2025 nahezu verdoppeln. Hinzu kommt ein stetig
steigender Bedarf an Rohstoffen, die aufgrund der Endlichkeit (z.B. fossiler
Energieträger) mehr und mehr durch biogene Rohstoffe und Energieträger
ersetzt werden sollen. Eine Ausweitung der landwirtschaftlichen Nutzflä-
chen kommt weltweit kaum mehr in Betracht, da bereits heute über 90 %
der nutzbaren Flächen erschlossen sind. Grenzertragsstandorte werden
zunehmend aufgegeben und große Flächen durch bauliche Maßnahmen
versiegelt, woraus sich die Notwendigkeit einer Steigerung des Ertrages
pro Hektar sowie einer besseren Nutzung von Grenzertragsstandorten (z.B.
in Trocken- oder Kaltgebieten) ergibt.

In diesem Zusammenhang können im Unterricht Lösungsansätze erkundet
und diskutiert werden. Dabei werden konventionelle Pflanzenzüchtung
und Grüne Gentechnik vergleichend betrachtet und auch Risiken und ver-
braucherrechtliche Fragen berücksichtigt, die in diesem Zusammenhang
relevant sind (z.B. allergische Reaktionen, unkontrollierte Verbreitung).

Aus diesem Spannungsfeld ergeben sich zahlreiche Arbeitsansätze für die unterrichtliche Behandlung der Grünen Gentechnik. Eine Unterrichtseinheit hierzu könnte folgende Aspekte berücksichtigen:

- Globale Ausgangslage
- Biologische Grundlagen der Gentechnik
- Chancen und Risiken, Hoffnungen und Ängste
- Aktuelle und geplante Anwendungsgebiete (z.B. Getreideproduktion, Lebensmittelzusätze, Energiegewinnung, Stärkegewinnung, Öle und Fette, Fasergewinnung)
- Weitere Aspekte wie Beteiligung und Gewinnorientierung internationaler Konzerne, Gesetzeslage, aktuelle Anwendung in Deutschland, Grüne Gentechnik im Spiegel der Presse, Ozeane als landwirtschaftliche Ausweichflächen

Methodische Umsetzung

Als *Einstieg in das Thema* eignen sich originale Gegenstände. So kann ein Glas kanadischen Honigs gezeigt werden, den man in gut sortieren Supermärkten auch in Deutschland bekommt, verbunden mit der Frage nach

einem möglichen darin enthaltenen Anteil transgenen Materials („Ist da Gentechnik drin?"). Mit einem vergleichenden Blick auf eine Karte mit Anbaugebieten transgener Pflanzen erschließen die Lernenden sich direkt die Aspekte der Kennzeichnungspflicht, der weltweiten Verbreitung transgener Anbaumethoden und der weltwirtschaftlichen Verflechtungen.

Kanadischer Rapshonig in deutschen Supermärkten: gentechnikfrei?

Eine *arbeitsteilige Gruppenarbeit* mit gemeinsamer Auswertungs- oder Präsentationsphase erscheint für die Bearbeitung der unterschiedlichen Themen sinnvoll, da sich nicht alle Schülerinnen und Schüler eines Kurses in alle Themenbereiche einarbeiten können und sollen. Hierfür ist die Vorgabe geeigneter Quellen hilfreich, auch um einseitige Betrachtungsweisen und Darstellungen durch die Schüler zu vermeiden. Denn sowohl Befürworter als auch Gegner dieser Technologie arbeiten mit zum Teil sehr emotionalen oder schwer überprüfbaren Argumenten. Eine Nutzung unterschiedlicher Quellen ist daher geboten und fördert zudem die Selbstkompetenz der Lernenden. Empfohlen werden Publikationen von

- Umweltschutzorganisationen,
- Gentechnik-Konzernen,
- Verbraucherschutzorganisationen,
- staatlichen Einrichtungen und Instituten
- oder auch Universitäten.

Die inhaltliche, formale und rhetorische Bewertung der genutzten Quellen selbst kann auch unterrichtlich thematisiert werden, eventuell in Zusammenarbeit mit den Deutschlehrkräften, und somit zu einer Stärkung der Medienkompetenz beitragen.

Die *Präsentation der Gruppenergebnisse* kann in vielfältiger Weise geschehen. Eine Nutzung neuer Medien empfiehlt sich dabei angesichts der Vielzahl an verfügbaren Quellen. Auch eine gestellte Gerichtsverhandlung ist denkbar, bei der es z. B. um die Schadensersatzklage eines Bio-Bauern gehen kann, dessen Felder mit transgenem Material kontaminiert wurden. Besonders nachhaltig lässt sich dieses Phase aber gestalten, wenn die Lernenden mit ihrem Wissen den eigenen Kurs verlassen und beispielsweise eine Infoveranstaltung oder einen Infostand mit Handzetteln, Plakaten und Produktbeispielen in der Schulmensa oder der Pausenhalle organisieren. Eine erhöhte intrinsische Motivation ist oftmals die Folge solch externer Präsentationen, die zudem das Schulleben deutlich bereichern.

Unterrichtlich nutzbare Informationsquellen

Bei der Angabe von Quellen sollte darauf geachtet werden, dass diese gut verständliche und für Schüler nutzbare Informationen bieten.

Hier eine Auswahl:

- Das Bundesamt für Verbraucherschutz und Lebensmittelsicherheit bietet unter anderem ausführliche Informationen zur Gesetzeslage: www.bvl.bund.de
- Beim Max-Planck-Institut für Züchtungsforschung finden sich aktuelle Forschungsberichte (Suchwort „Grüne Gentechnik"): www.mpiz-koeln.mpg.de
- Die Deutsche Industrievereinigung Biotechnologie (DIB) im Verband der Chemischen Industrie (VCI) vertritt die biotechnologische Industrie: www.dib.org

⬤ Interessante Folien und Materialien bietet die CD-ROM „Gentechnik und Landwirtschaft" des Öko-Instituts e.v. Freiburg (15 Euro): www.oeko.de, Bestelladresse: bel-zentral@oeko.de

⬤ Allgemeine, aber auch eher knappe Informationen zur Gentechnik finden sich auch in der aktuellen Version der Multimedia-Enzyklopädie „Microsoft Encarta". Auch Auszüge aus dem „Spektrum der Wissenschaft" oder dem „Deutschen Ärzteblatt" finden sich hier.

KJ

Literatur

BRUNOTTE, E. u. a. (Hrsg.) (2002): Lexikon der Geographie, Band 2. Heidelberg

EHLERS, E./LESER, H. (Hrsg.) (2002): Geographie heute – für die Welt von morgen. Gotha u. Stuttgart

HEINEBERG, H. (2001): Stadtgeographie. Paderborn

HEMMER, I./HEMMER, M. (1997): Arbeitsweisen im Erdkundeunterricht – Ergebnisse einer empirischen Untersuchung zum Schülerinteresse und zur Einsatzhäufigkeit. In: Frank, F. u.a. (Hrsg.): Die Geographiedidaktik ist tot, es lebe die Geographiedidaktik. München, S. 67–78

HEMMER I./HEMMER M. (1999): Schülerinteresse und Geographieunterricht. In: Köck, H. u.a. (Hrsg.): Geographieunterricht und Gesellschaft. Nürnberg, S. 50–62

INGLEFIELD, E. (1980): Fahnen und Flaggen. München

INNENMINISTERIUM DES LANDES SCHLESWIG-HOLSTEIN UND INSTITUT FÜR QUALITÄTSENTWICKLUNG AN SCHULEN (IQSH) (Hrsg.) (2004): Küstenschutz in Schleswig-Holstein. Kiel (Buch mit interaktiver CD-ROM, Bestellnummer 4/01, Bezug über das IQSH, Schreberweg 5, 24119 Kronshagen, www.iqsh.de)

KNOX, P./MARSTON, S. (2001): Humangeographie. Heidelberg

LESER, H. (Hrsg.) (2005): Diercke Wörterbuch Allgemeine Geographie. Braunschweig

RINSCHEDE, G. (2003): Geographiedidaktik. Paderborn

SCHLEICHER, Y. (2005): Woher kommt unsere Kleidung? Am Ende des Welttextilabkommens. In: Praxis Geographie, Heft 7/8, S. 10–15

UMWELTMINISTERIUM BADEN-WÜRTTEMBERG (Hrsg.) (2004): Blicke auf die Erde. Views on earth. Gemeinsam für eine nachhaltige Entwicklung. Informationsbroschüre mit Posterbeilage. Stuttgart (Bestelladresse: oeffentlichkeitsarbeit@uvm.bwl.de)

3 Topographie und Kartenarbeit

Yvonne Schleicher

Bei der Unterrichtsplanung erweist sich die Integration von Kartenarbeit und topographischen Themen oft als schwierig. Häufig werden sie in einer Einzelstunde zu Beginn der Behandlung eines neuen Großraumes behandelt. Für ältere Schüler ist das schlichte Ergänzen von Karten jedoch unbefriedigend, wenn der inhaltliche Zusammenhang zum nachfolgenden Unterricht nicht deutlich wird. Andererseits sind die topographischen Kenntnisse der Schüler häufig so rudimentär, dass gar nicht genug geübt und wiederholt werden kann. Wie Topographie und Kartenarbeit schülernah in den Unterricht integriert werden können, zeigen die folgenden Beispiele.

3.1 Die Fuller-Projektion nachbauen

Folgende Überlegungen haben Richard Buckminster Fuller, den Designer, Architekten und Visionär einer globalisierten Welt, bei der Erstveröffentlichung seines aus Dreiecken zusammengesetzten Globus geleitet:

- Es sollte eine möglichst genaue zweidimensionale Abbildung geschaffen werden, bei der das menschliche Auge keine Verzerrung wahrnimmt.
- Die Kontinente sollten dabei zerteilt und nicht „gewichtet" werden.
- Er sah die „One-Town-Air-Ocean World" voraus, bei der Menschen mit dem Flugzeug die jeweils kürzeste Route wählen – diese bildet seine Projektion ideal ab.

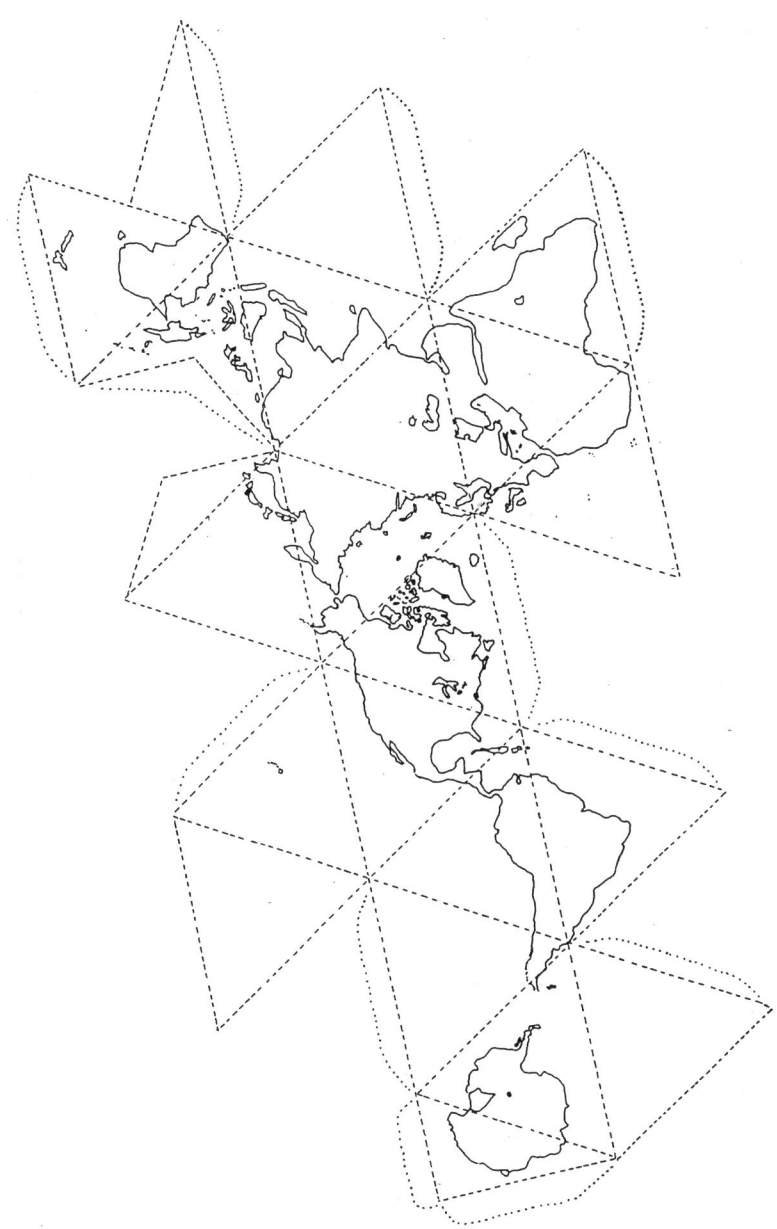

Bastelbogen Fuller-Globus

Fuller ging von der Überlegung aus, dass jede Projektion, mit der wir unseren Globus auf einem Blatt Papier abbilden, Kompromisse macht. Die Fehler der Fuller-Projektion sind ausgehend von den jeweils maßstabsgleichen Kanten in den Flächen „versteckt" und nehmen zu deren Mitte hin jeweils zu.

Der Fuller-Globus ist ein attraktiver Bastelbogen. Auch mit einer vergrößerten Kopie der Vorlage von Seite 83 (z.B. auf 120-Gramm-Papier) kann der Globus zusammengebaut werden. Die Schüler gestalten zunächst Meere und Landmassen farbig und kleben ihn dann zusammen. Benötigt werden außerdem eine Schnur und ein Streichholz, um den Globus aufzuhängen.

Fuller-Globus

3.2 Nachrichten topographisch verorten

Im Geographieunterricht sollen Schüler dazu befähigt werden, die durch die Medien vermittelte Informationsfülle ordnen zu können (s.o.). Dies kann zum Beispiel mit Hilfe aufgezeichneter Nachrichtensendungen geübt werden.

Zu einer aktuellen Nachrichtenausgabe (Radio, Fernsehen, Internet) führen die Schüler eine Verortung der Meldungen auf Karten (Weltkarte, Europakarte, Deutschlandkarte etc.) durch. Ob dazu vorhandene Atlaskarten aufgeschlagen vor den Schülern liegen oder ob allein mit stummen Karten gearbeitet wird, hängt vom Leistungsstand der Klasse, den Nachrichten selbst und von Ihren Unterrichtszielen ab.

Hier ein Aufgabenbeispiel:

Die Themen des Tages im Portal web.de vom 3.3.2006

Die etwas andere Familienkutsche besetzt neue Nischen
Genf – Was hat ein eher biederer Kombi den trendigen Crossover-Geländewagen oder praktischen Kompaktvans groß entgegenzusetzen? *weiter ...*

BND dementiert US-Bericht über Irak-Einsatz
Berlin – Der deutsche Verbindungsmann beim US-Hauptquartier in Katar während des Irak-Krieges hat nach Angaben des Bundesnachrichtendienstes (BND) keine Informationen an die Amerikaner weitergegeben. *weiter ...*

Bush frühzeitig vor Gefahr durch Hurrikan „Katrina" gewarnt
Washington – US-Präsident ist George W. Bush ist – anders als von der Regierung dargestellt – frühzeitig vor dem Hurrikan „Katrina" gewarnt worden. *weiter ...*

Vogelgrippe: Sperre an Wittower Fähre aufgehoben
Berlin – Zweieinhalb Wochen nach dem ersten Vogelgrippe-Nachweis auf der Insel Rügen werden die Sperrmaßnahmen am Seuchenherd um die Wittower Fähre aufgehoben. *weiter ...*

Ballack-Berater: „Der Trend geht nach Chelsea"
München/London – Michael Ballacks Wechsel zum FC Chelsea London nimmt konkrete Formen an. *weiter ...*

(vgl. http://portale.web.de/ vom 3.3.2006)

Aufgabenstellung

Öffne die Startseite eines Online-Portals (z. B. web.de, freenet.de) und drucke die aktuellen Nachrichten aus.
Verorte jede dieser Nachrichtenmeldungen.
● Welche Staaten sind betroffen?
● Wo liegen die genannten Orte?
Du kannst auch alle in einer Radio-Nachrichtensendung genannten Orte und Regionen notieren und anschließend in stumme Karten eintragen oder auf Atlaskarten verorten.

Für diese Aufgabe kann die Kopiervorlage auf Seite 40 verwendet werden.

3.3 Flugpläne als Karten darstellen

Fliegen ist für viele Menschen ein spannendes Thema. Was liegt da näher, als diese Motivation auch im Unterricht zu nutzen und die Flugpläne (z.B. des nächstgelegenen Flughafens) als Karte darzustellen. Sind die Pläne schon auf verfügbaren Karten umgesetzt, so ist es häufig ein großer Spaß, diese auf kartographische Genauigkeit zu prüfen. Kommen wir wirklich am gewünschten Zielort an? (Siehe hierzu auch Kapitel 2, → S. 44.)

Was bedeutet es, statt vom Frankfurter Flughafen ab Frankfurt-Hahn zu fliegen (Entfernung: 125 km) – und wie weit ist es eigentlich von London-Stansted nach London (60 km)?

Ankunft / Arrival			17.10.2006 21:35		
Flug	von	Zeit	erw.	Bem.	
flight	from	time	exp.	remark	
☀•LH 394	FRANKFURT	21:00	21:20	ARRIVED	
FR 2001	LONDON (STN)	21:15	21:45	ERWARTET	
☀•3L 307	BERLIN (THF)	21:20	21:25	ARRIVED	
❍⬤3L 347	KÖLN-BONN	21:25	21:20	GELANDET	
HHI5929	ANTALYA	21:25	22:15	ERWARTET	
3L 107	WIEN	21:45	21:50	ERWARTET	

Nächster Tag / next day			
EA 912	DORTMUND (DTM)	08:45	
3L 341	KÖLN-BONN	09:30	
FR 2003	LONDON (STN)	09:50	
3L 301	BERLIN (THF)	09:55	
LH 390	FRANKFURT	10:00	
3L 371	HAMBURG	10:15	

Ankunftsflugplan des Flughafens Friedrichshafen (www.flughafen-friedrichshafen.de/)

Aufgabenstellung

1. Verorte auf einer Europa-Karte die Flughäfen, auf denen die Flüge starten.
2. Ermittle (z.B. mit Hilfe eines Routenplaners) die Entfernung von London STN (Stansted) zur Innenstadt von London.

Nicht immer sind die Lagebeziehungen der Zielorte auf den Karten der Flughäfen und Fluggesellschaften richtig dargestellt. Das Beispiel auf Seite 87 eignet sich für die folgende Aufgabenstellung:

Aufgabenstellung

Überprüfe die Lage der eingezeichneten Flughäfen mit dem Atlas.
Sind alle Lagebeziehungen richtig dargestellt?

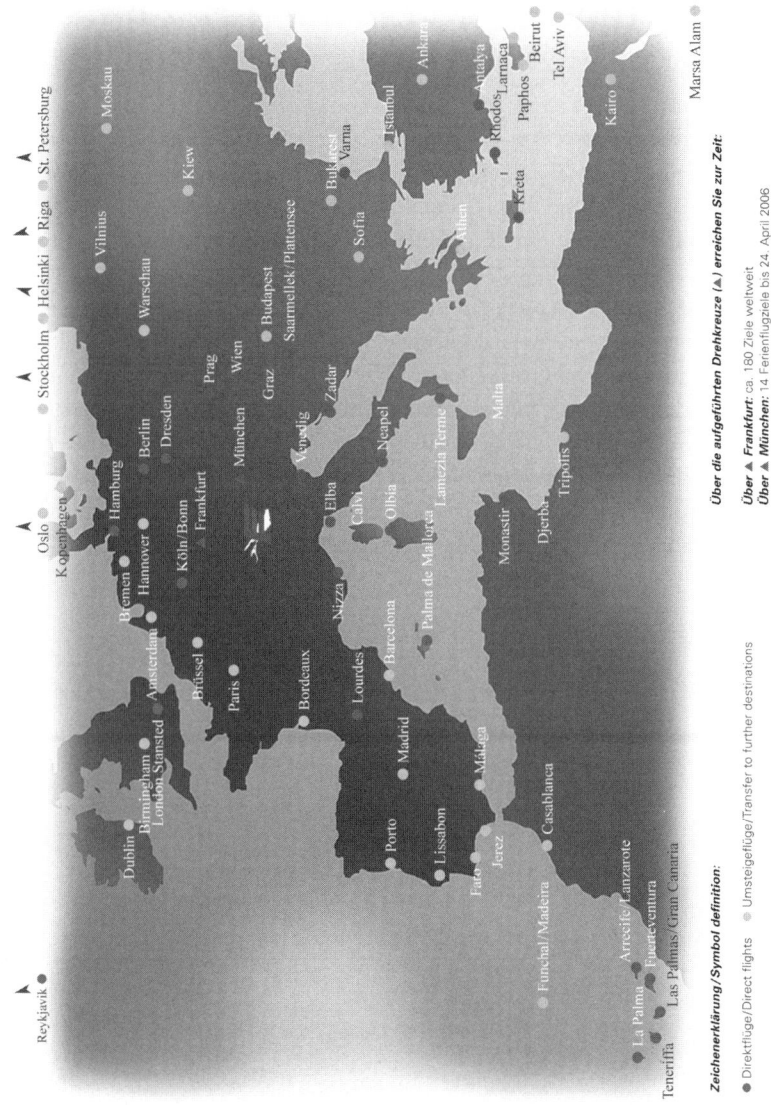

Flugplanübersicht des Flughafens Friedrichshafen (www.flughafen-friedrichshafen.de/
de/flugplan/flugziele/Flugplanuebersicht05_06_gross.jpg)

3.4 Karten nach Vorgaben zeichnen

Bilder

Eine andere Methode zum Erfassen und Einprägen von räumlichen Lage-
beziehungen ist das Zeichnen von Skizzen (z.B. vom Blick in die Landschaft
zur Karte). Die Raumnutzung rückt dabei besonders in den Vordergrund.
Die Aufgabenstellung, den Blick auf eine Landschaft in eine geographische
Skizze zu übertragen, eignet sich sowohl im Rahmen der Einführung in das
Kartenverständnis als auch zur Vertiefung bzw. zum Erkennen von Zusam-
menhängen. Dabei kann ein vorgegebenes Foto oder ein „realer" Blick ins
Gelände in einer einfachen Lageskizze festgehalten werden. Wenn die
Landschaft und deren Nutzung unbekannt sind, kann eine Atlaskarte zur
Landnutzung hinzugezogen werden. Zusatzaufgabe kann sein, die Nut-
zungskonflikte oder Probleme im Raum zu erkennen und an die jeweilige
Stelle im Bild einzutragen (z.B. Wald-Feld-Grenze: Vordringen der Wälder
oder Abholzung zur Gewinnung von zusätzlichem Ackerland?).

*Beispiel: Blick von Tramin in Südtirol ins Tal der Brenner-Autobahn (Tramin liegt an
der Weinstraße südlich von Bozen und ist bekannt für den Gewürztraminer)*

Arbeitsauftrag

- Fotografiere eine Landschaft (oder suche dir im Gelände einen geeigneten Standort) und zeichne eine vereinfachte Lageskizze mit Landschaftselementen (Orte, Straßen, Flächennutzung ...).
- Welche Nutzungskonflikte kannst du im Gelände erkennen (Vordringen der Besiedlung, der Wälder, Zerschneidung von Flächen durch den Straßenbau ...)?

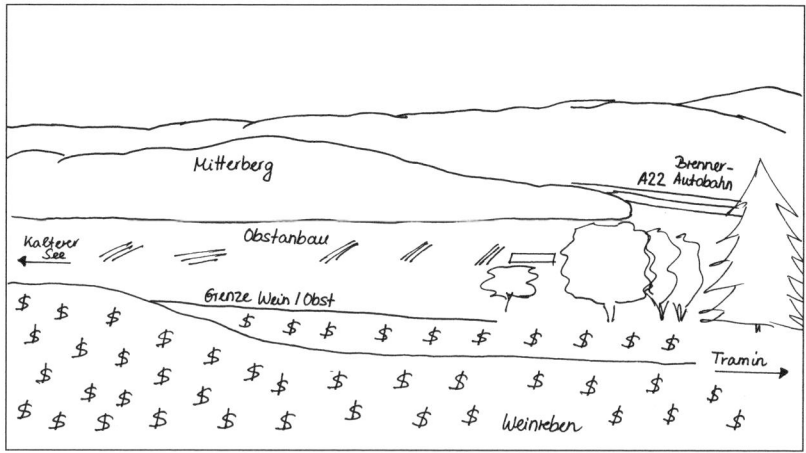

Beispiel: Geographische Skizze mit Landnutzung

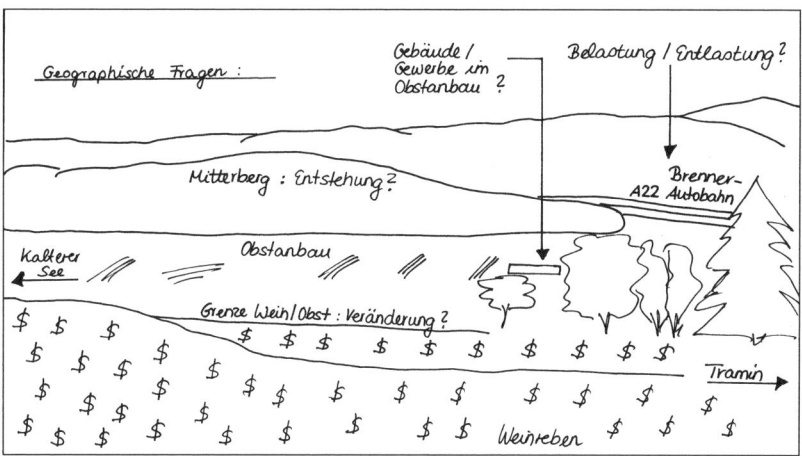

Beispiel: Geographische Skizze mit Nutzungskonflikten

Luftbilder

Im Unterricht besonders beliebt ist die Arbeit mit Luftbildern. Früher war es ausgesprochen kostspielig und schwierig, von ausgewählten Standorten ein Luftbild zu bekommen. Heute gibt es Luftbilder im Internet.

Mit dem unten abgebildeten Luftbild von Google Earth wird der Flächennutzungskonflikt rund um Tramin (hier südwestlich vom Lago di Caldero/ Kalterer See in Südtirol) noch deutlicher (s. o.). Die Raumenge, die durch die angrenzenden Gebirgszüge entsteht, zwingt zum dichten Nebeneinander von Autobahn, Siedlungsfläche, Obst- und Weinanbau. (Näheres zur Nutzung von Google Earth → S. 148 ff.; URL zum Download des Software-Clients: http://earth.google.com/download-earth.html)

Anhand eines solchen Luftbildes lässt sich eine einfache Kartenskizze erstellen, bei der die Flächennutzung und das Relief berücksichtigt werden.

Luftbild von Südtirol (Bozen-Kalterer See/Tramin; http://earth.google.com)

Mentalmaps

Mentalmaps, also aus dem Gedächtnis gezeichnete Landkarten, verleiten die Betrachter leicht zum Schmunzeln, denn oft haben die festgehaltenen Lagevorstellungen sehr individuelle Hintergründe und weichen von der Realität erheblich ab.

Mentalmap: Deutschland

Mentalmaps erstellen

Der Selbstversuch zeigt, dass es tatsächlich nicht einfach ist, eine Karte aus dem Gedächtnis zu zeichnen. Diese Methode eignet sich dazu, hin und wieder (z. B. in Vertretungsstunden) die Einschätzung der eigenen Topographiekenntnisse auf den Boden der Tatsachen zu stellen und dabei zugleich die topographischen Kenntnisse zu vertiefen.

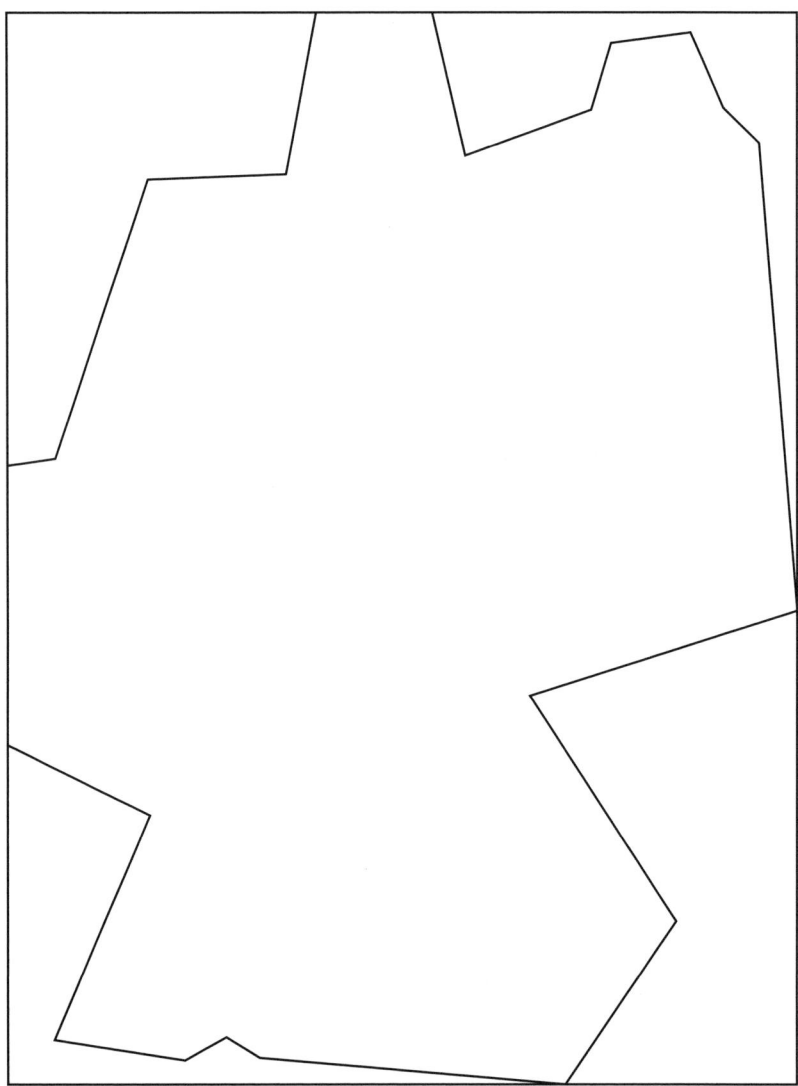

Vereinfachte Umrisskarte Deutschland (Kopiervorlage)

Arbeitsauftrag

1. Schritt: Zeichne den Umriss von Deutschland aus dem Kopf auf ein DIN-A4-Blatt und vergleiche ihn mit einer Atlaskarte.

2. Schritt: Zeichne den Umriss nun noch einmal und kopiere ihn anschließend – wir haben noch einiges vor.

3. Schritt: Zeichne nun in die Karte ein:
– Bundesländer und deren Hauptstädte,
– weitere wichtige Städte sowie
– Flüsse, Seen, Gebirge.
– Trage auch die angrenzenden Staaten ein und kennzeichne deren Grenzen.
– Vergleiche nun deine Eintragungen mit Atlaskarten und korrigiere dich selbst.

4. Schritt: Wiederhole nun die Teilschritte unter 3 noch einmal, ohne den Atlas oder deine vorherige Karte zur Hilfe zu nehmen.

5. Schritt: Kümmere dich nun um unsere Nachbarn:
– Erstelle zuerst wieder eine Umrisskarte des jeweiligen Landes.
– Zeichne dann relevante Details in die Karte ein.
– Vergleiche deine Zeichnungen mit Atlaskarten.
– Korrigiere deine Arbeiten.

Alternativ können für Mentalmaps auch bestimmte Begriffe vorgegeben werden, die im Rahmen des Unterrichts wichtig sind.

Zu Deutschland könnten dies zum Beispiel sein:
- zentrale Flüsse wie Rhein, Main, Donau, Elbe, Oder ...,
- wichtige Gewässer: Nordsee, Ostsee, Bodensee ...,
- bedeutende Städte: München, Nürnberg, Frankfurt, Berlin, Leipzig ...,
- wichtige Gebirge/Gebirgszüge: Alpen ...

Je nach Kenntnisstand der Gruppe können die Markierungen der gesuchten Städte, Flussläufe, Gebirgszüge etc. auch schon vorab in die Karte eingetragen werden. Das Verfahren setzt dann vor allem auf den Effekt des Wiedererkennens.

Texte

Bei geographischen Texten in Reiseführern oder bei Beschreibungen von Wirtschaftsstandorten fehlen häufig veranschaulichende Karten. Kombiniert man einen solchen Text mit dem Arbeitsauftrag, eine Karte zum Text zu erstellen, werden fachliche Inhalte in ein vorhandenes Raumkonzept eingebunden. Ein anschließender Vergleich mit der tatsächlichen Lage im Atlas und eine Korrektur der Zeichnung verstärken den Lerneffekt (räumliche Orientierung).

Hier ein Beispieltext, der sich für eine solche Aufgabenstellung eignet. Eine stumme Karte von Deutschland befindet sich auf Seite 92.

Deutschlands Wirtschaft

Die Bundesrepublik Deutschland gehört zu den größten Wirtschaftsnationen der Welt. ... Wie in den übrigen großen Wirtschaftsnationen geht auch in Deutschland der industrielle Sektor zugunsten der sogenannten „Dienstleistungsbranche" zurück. Das produzierende Gewerbe – zum Beispiel der Maschinenbau – hat einen Anteil von rund einem Drittel am gesamten wirtschaftlichen Aufkommen. Deutschland ist nach den USA und Japan der drittgrößte Automobilproduzent. Maschinen und elektrotechnische Anlagen gelten als Inbegriff „deutscher Wertarbeit" und stellen die wichtigsten Exportgüter dar. Weitere bedeutende Industriezweige sind die Chemieindustrie sowie die Produktion von Verbrauchsgütern.

Die landwirtschaftliche Produktion in der Bundesrepublik unterscheidet sich von Region zu Region. Im nördlichen Flachland Deutschlands und insbesondere in den östlichen Bundesländern werden bevorzugt Getreide und Zuckerrüben angebaut. Im bergigen Süddeutschland produziert die Landwirtschaft vorwiegend Gemüse, Milch und Fleisch. Die meisten Flussniederungen im Süden und Westen Deutschlands entlang der Flüsse Rhein, Main oder Mosel sind Weinanbaugebiete. Bier wird zum größten Teil in Nordrhein-Westfalen gebraut. Als Land des Biergenusses gilt Bayern. Neben dem Export deckt die einheimische Landwirtschaft beinahe 90 Prozent des nationalen Bedarfs ab.

Nahezu ein Drittel des gesamten Landes, besonders in Süddeutschland, ist bewaldet. Die Wälder decken den Inlandsbedarf an Holz zum großen Teil ab. In den 70er-Jahren ging aufgrund der jahrelangen Luft- und Bodenverschmutzungen der Waldbestand zurück. Man sprach vom „Waldsterben". Seither wird mit gezielten Programmen versucht, das Vorkommen der erneuerbaren Ressource Holz wieder auszubauen.

Die Wirtschaftsordnung der Bundesrepublik wird als freie und soziale Marktwirtschaft beschrieben. Der Begriff „Soziale Marktwirtschaft" kennzeichnet ein Wirtschaftsmodell, das bei grundsätzlicher Unterstützung der wirtschaftlichen Freiheit zugleich die Regulierungs- und Kontrollfunktion des Staates betont, um unsoziale Auswirkungen zu verhindern.

(Aus: Handbuch für Deutschland, 2003, S. 26 f.)

Arbeitsauftrag

Erstelle zu diesem Text eine Karte von Deutschland. Beziehe dabei auch dein eigenes Wissen über die Wirtschaft Deutschlands ein.

Für diese Aufgabe kann die Kopiervorlage auf Seite 94 verwendet werden.

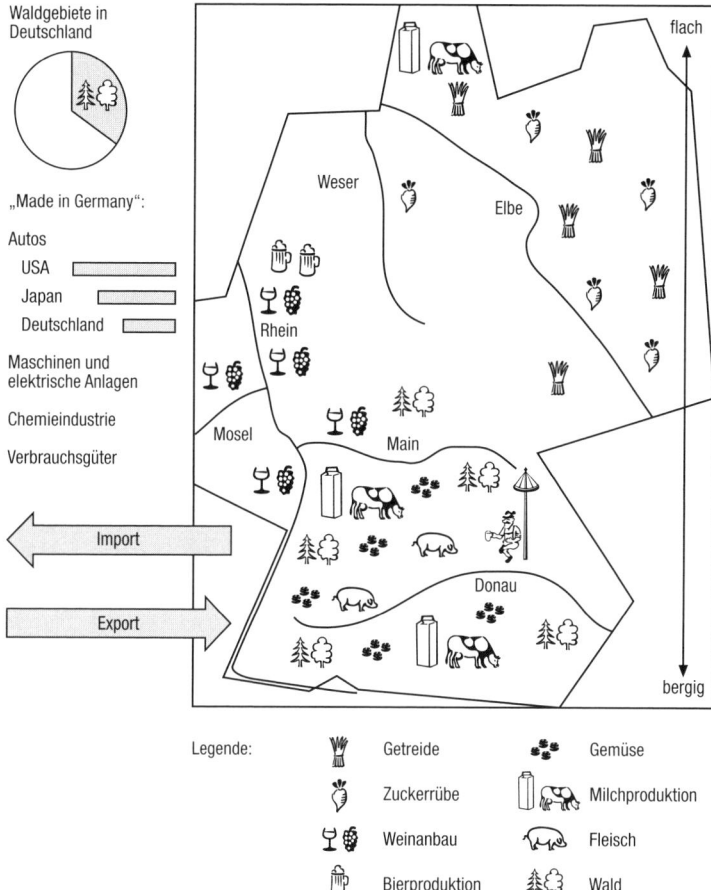

Beispielzeichnung zum Text „Deutschlands Wirtschaft"

Geographische Besonderheiten

Bei dieser Themenstellung können die Schüler zunächst eine eigene Karte zu geographischen Besonderheiten von Deutschland zeichnen. (Eine Kopiervorlage befindet sich auf Seite 92.)

Geographische Besonderheiten Deutschlands (Zeichnung: Carolin Bantleon)

Anschließend kann der Text „Geographische Besonderheiten Deutschlands" (→ S. 97) als Grundlage für eine weitere Karte dienen. Welche Zeichnung ergibt sich jetzt? Bildet sie tatsächlich die geographischen Besonderheiten Deutschlands ab? (Die Zeichnung zum abgedruckten Text wird
deutlich machen, dass hier vor allem Besonderheiten im Westen des Landes
benannt werden.)
Um zu überprüfen, ob der Text die wichtigen Besonderheiten unseres
Landes benennt, können die Schüler nun aus Reiseführern und Büchern
zur Landeskunde geographische Merkmale und Besonderheiten zusammen-
stellen. Auch diese Texte können daraufhin überprüft werden, ob Deutschland hier geographisch korrekt präsentiert wird. Für diese Aufgabenstellung können auch fremdsprachige Texte eingesetzt werden (z. B. Adams, S.
et al. 2003, S. 94–96).

Geographische Besonderheiten Deutschlands

Die Lorelei
Der Rhein ist der bekannteste deutsche Fluss. Eine Touristen-Attraktion am Rhein ist der Lorelei-Felsen bei St. Goarshausen. Der Dichter Heinrich Heine hat dazu im 19. Jahrhundert ein Gedicht geschrieben: Vom Gesang der Jungfrau Lorelei betört, versinken Schiff und Schiffer im Strom.
Ich weiß nicht, was soll es bedeuten, dass ich so traurig bin; ...

Der Brocken
Der Brocken ist ein sagenumwobener Berg im Bundesland Sachsen-Anhalt. Alten Mythen und Märchen zufolge treffen sich in der sogenannten „Walpurgisnacht" vom 30. April auf den 1. Mai die Hexen zu einer Feier auf dem Brocken.

Rügen
Rügen ist die bekannteste deutsche Ostseeinsel mit den Kreidefelsen der Stubbenkammer, gemalt von Caspar David Friedrich.

Ebbe und Flut
Bei einem Besuch an der Nordseeküste sind Ebbe und Flut zu beobachten. Bei Ebbe ist nur wenig Wasser zu sehen, Während der Flut bewegt sich das Wasser teilweise um mehrere hundert Meter Richtung Ufer. Grund dafür sind die Anziehungskräfte zwischen Erde und Mond.

Das Ruhrgebiet
Das Ruhrgebiet im Bundesland Nordrhein-Westfalen ist die größte Industrie-Region der Bundesrepublik. Dazu gehören Städte wie Gelsenkirchen, Bochum, Oberhausen, Bottrop und Dortmund. Das Ruhrgebiet wird auch „der Pütt" oder „Kohlenpott" genannt. Die Region lebte bis vor wenigen Jahrzehnten von der Kohle- und Stahlproduktion.

Mainhattan
Weil die Hochhäuser der Innenstadt in Frankfurt am Main (Abkürzung: F. a. M.) so dicht nebeneinander stehen, bildet sich eine Skyline, die an Manhattan in New York erinnert. Deshalb spricht man von „Mainhattan". Franfurt am Main ist die deutsche Bankenmetropole und Sitz der Europäischen Zentralbank – nicht zu verwechseln mit Frankfurt/Oder, einer großen Stadt an der Grenze zu Polen.

Der Schwarzwald
Der Schwarzwald im süddeutschen Bundesland Baden-Württemberg gehört zu den bekanntesten Regionen Deutschlands. Berühmt sind insbesondere die dort hergestellten Kuckucksuhren: Zu jeder vollen Stunde öffnet sich am Gehäuse der Uhr die Tür und ein künstlicher Vogel ruft „Kuckuck".

(Aus: Handbuch für Deutschland, 2003, S. 18–20)

3.5 Topographisches Mindestwissen Deutschland

Sicher macht es bei der Auswahl von schülerspezifischem „Mindestwissen" zur Topographie Deutschlands einen Unterschied, in welcher Region sich die eigene Schule befindet und um welche Schulart es sich handelt.

> Die Frage, über welches topographische Orientierungswissen Schüler verfügen sollen, ist so alt wie der Geographieunterricht selbst. Obgleich es keinen empirisch abgesicherten Grundkanon topographischen Wissens gibt, scheint dennoch „unausgesprochen" ein erfahrungsbasierter Konsens zu bestehen. (HEMMER, I. u. a. 2005, S. 46)

In einer Befragung wurde 284 gesellschaftlichen Spitzenrepräsentanten und Geographieexperten eine Deutschlandkarte mit vorgegebenen Städten, Meeren, Seen und Flüssen sowie Gebirgen und Landschaftsbezeichnungen vorgelegt. Die Befragten wurden aufgefordert, die Begriffe zu markieren, die ein Bundesbürger kennen sollte. Das Ergebnis zum topographischen Mindestwissen finden Sie auf Seite 99. Neben der Kenntnis der Bundesländer gehören für mindestens 80 Prozent der Befragten die in dieser Karte fett gedruckten Angaben zum notwendigen Wissensbestand, alle weiteren Angaben halten mindestens 50 Prozent für notwendiges Mindestwissen über die Topographie Deutschlands.

Testen Sie doch einmal die topographischen Deutschlandkenntnisse Ihrer Schüler. Die Karte auf Seite 99 kann dazu dienen, mit den Schülern zu diskutieren, ob diese den Kanon an topographischem Mindestwissen angibt, den die Schüler bis zum Verlassen der Schule haben sollten. Zusatzaufgabe kann sein, die Ungenauigkeiten in der Karte zu suchen.

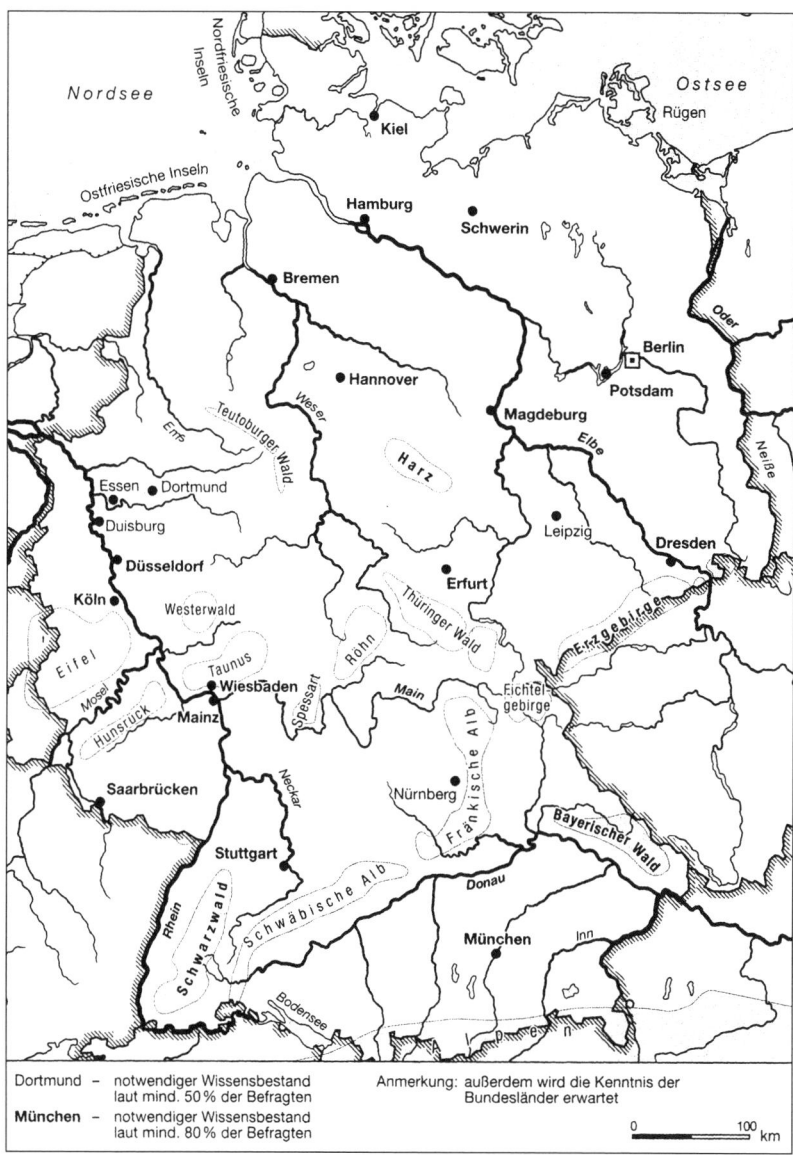

Ergebnisse einer Befragung: Über welches topographische Mindestwissen sollte ein
Bundesbürger verfügen? (aus: HEMMER, I. u. a. 2005, S. 47)

3.6 Beliebte Urlaubsziele

Welches sind für jeden Einzelnen von uns attraktive Urlaubsziele in Europa? Prägt die Vorstellung „attraktiver Urlaubsziele" unser Reiseverhalten so sehr, dass wir selbst gar nicht auf die Idee kämen, „neue" Urlaubsregionen (z. B. in Tschechien, Slowenien oder Polen) zu entdecken? Gerade durch den Fall des „Eisernen Vorhangs" und die EU-Osterweiterung haben sich viele interessante Regionen dem Tourismus weiter geöffnet. Nun sollte sich auch die Welt in unseren Köpfen öffnen. Gibt unsere Vorstellung das allgemeine Bild der Tourismusregionen in Europa wieder?

Dieser Fragestellung kann auch im Unterricht nachgegangen werden. Dabei bietet es sich an, zunächst die Schülervorstellungen (s. Kaptitel 1, → S. 15) zu ermitteln und den individuellen Kenntnisstand dann an die Realität anzupassen.

Die Schüler erhalten dazu eine stumme Karte von Europa, die politischen Grenzen helfen bei der Orientierung. Nun werden sie aufgefordert, die Tourismusregionen Europas in die Karte einzuzeichnen. Damit wird die räumliche Orientierung innerhalb Europas vertieft und zugleich die „Urlaubswelt" in den Köpfen der Schüler ermittelt.

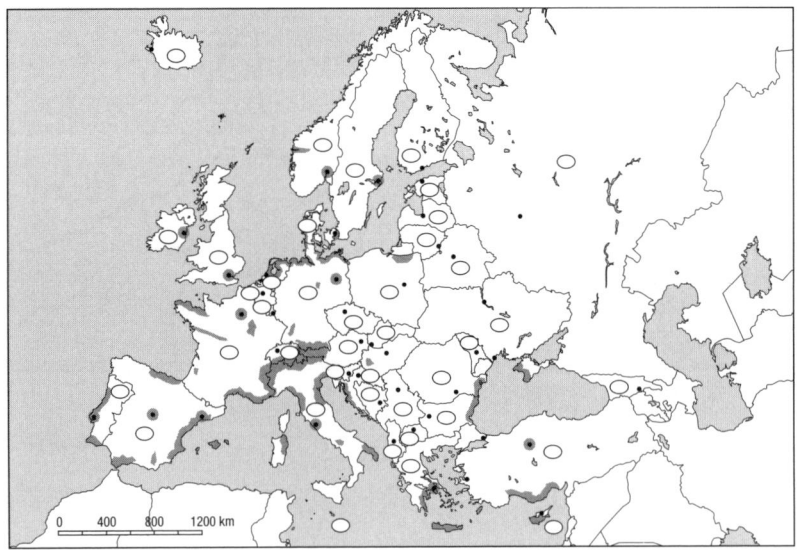

Beliebte Urlaubsregionen in Europa

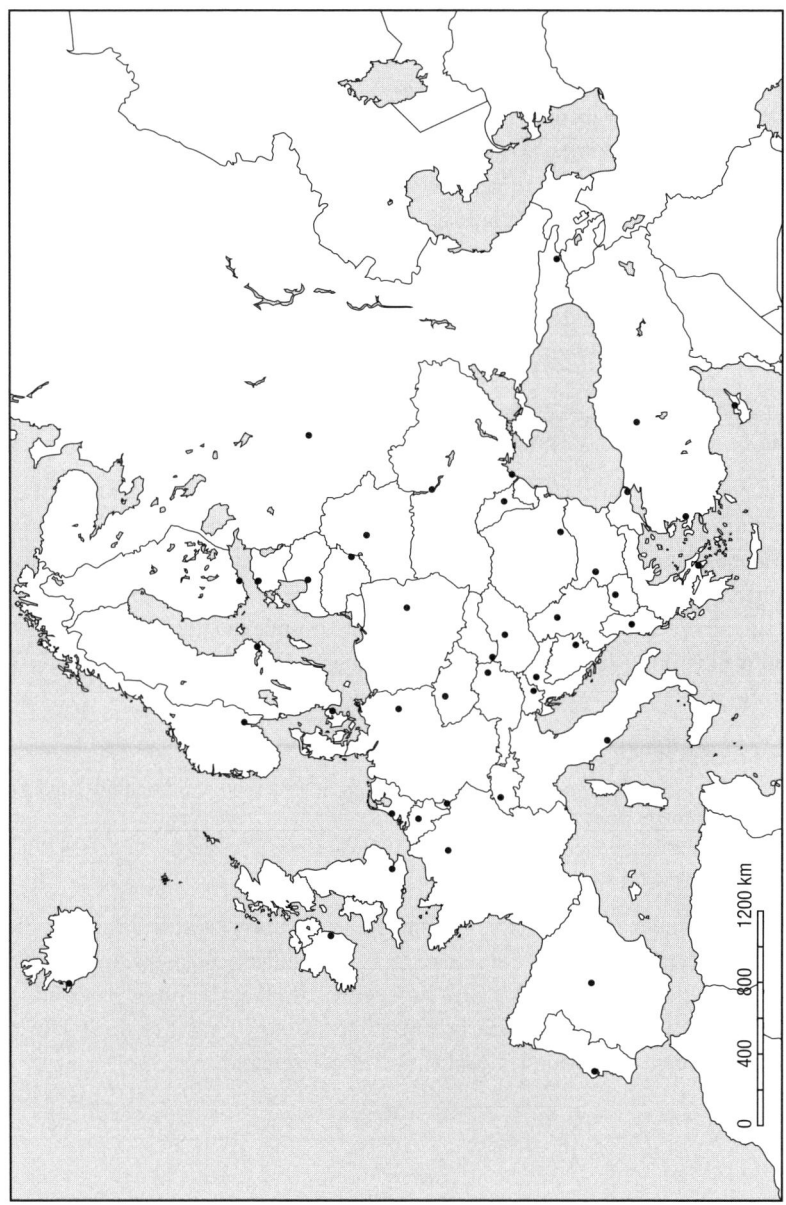

Stumme politische Karte von Europa (Kopiervorlage)

Anschließend kann mit Hilfe von Atlaskarten zum Tourismus in Europa, aber auch arbeitsteilig anhand von Reiseprospekten und Reiseführen erkundet werden, wo die beliebten Urlaubsregionen in Europa zu finden sind. Die Ergebnisse werden dann in eine weitere stumme Karte von Europa eingetragen. Oft entdeckt man dabei neue Reiseziele – auch ganz in der Nähe!

Die Fragestellung kann auch ausgeweitet werden auf den weltweiten Tourismus. Die Kopiervorlage einer stummen politischen Weltkarte befindet sich auf Seite 40.

3.7 Karten zeitlich ordnen

Die politischen Veränderungen durch den Fall des „Eisernen Vorhangs" haben dazu geführt, dass sich auch die Grenzen der Staaten verändert haben. Wie beim unten angeführten Beispiel der Slowakei können die Schüler Karten, Jahreszahlen und Gebietsbezeichnungen in die richtige zeitliche Reihenfolge bringen und so geschichtliches und geographisches Wissen sinnvoll verknüpfen. (Das Arbeitsblatt auf Seite 103 kann für die Neuzuordnung zerschnitten werden.)

Arbeitsauftrag

- Bring die vorliegenden fünf Karten auf dem Arbeitsblatt in die richtige zeitliche Reihenfolge.
- Lege rechts neben die Karten die Gebietsbezeichnungen und links die Jahreszahlen.

Auch für andere Staaten können Karten selbst hergestellt werden, die die territoriale Entwicklung darstellen (z.B. ehemaliges Jugoslawien, EU-Erweiterung). Sie lassen sich mit Hilfe eines Bildbearbeitungsprogramms leicht selbst herstellen (hinterer Layer: gescannte Karte; vorderer Layer: Nachzeichnen der aktuellen und vorherigen Grenzen).

Die Slowakei – vom Vielvölkerstaat zum slowakischen Nationalstaat

Die territoriale Entwicklung

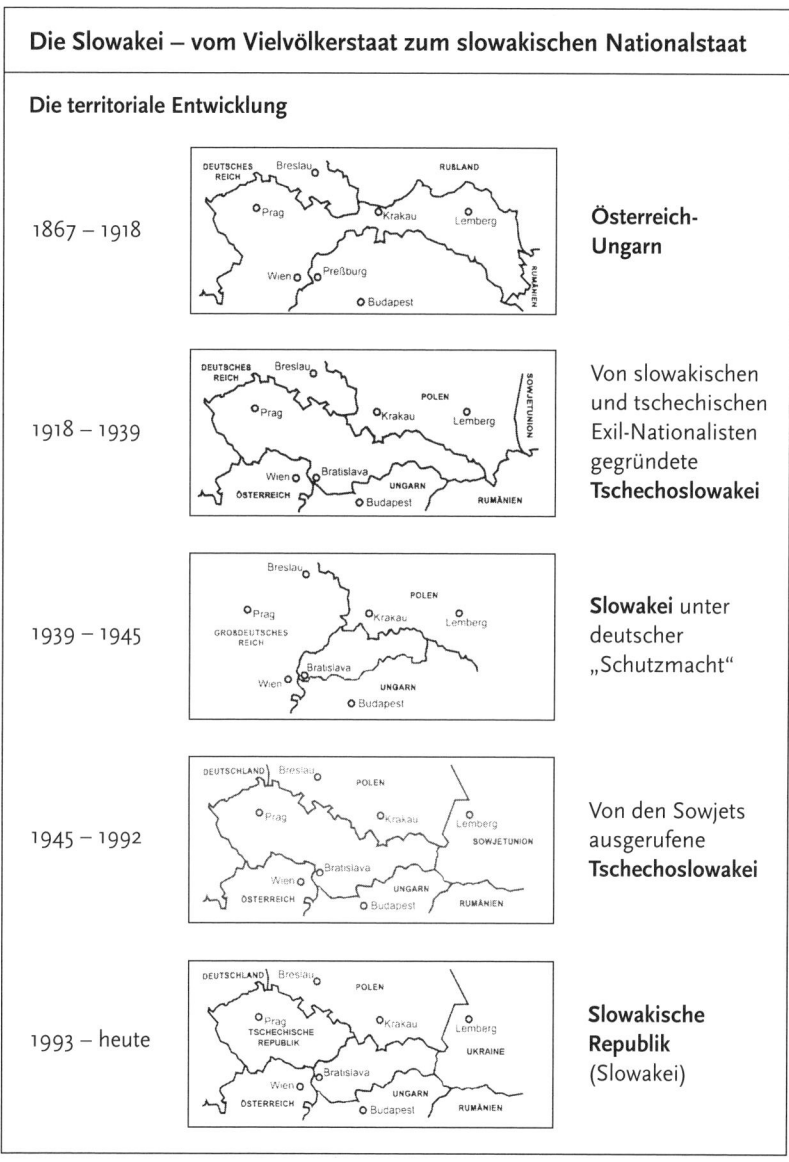

1867 – 1918	**Österreich-Ungarn**
1918 – 1939	Von slowakischen und tschechischen Exil-Nationalisten gegründete **Tschechoslowakei**
1939 – 1945	**Slowakei** unter deutscher „Schutzmacht"
1945 – 1992	Von den Sowjets ausgerufene **Tschechoslowakei**
1993 – heute	**Slowakische Republik** (Slowakei)

Karten in die zeitliche Reihenfolge gebracht: Territoriale Entwicklung der Slowakei (Idee und Karten: Daniela Ratz)

3.8 Wo stand der Fotograf?

Suche dir eine passende Atlaskarte (Maßstab beachten) und ermittle zu den folgenden Abbildungen den Standort des Fotografen.

Du kannst auch weitere Rätsel selbst erstellen, z. B. mit Hilfe von Autobahn-Schildern, Wegweisern oder der Fahrplananzeige der Deutschen Bahn an einem großen Bahnhof.

Hinweisschild: Göttingen

Hinweisschild: KTB – Kontinentale Tiefbohrung in Deutschland

Markierungsstein: Mittelpunkt Europas

Auflösungen: Torun/Polen (Hinweisschild Göttingen); Windischeschenbach, Oberpfalz (KTB); Deutsch-tschechische Grenze in der Oberpfalz bei Neualbenreuth/Tirschenreuth (Mittelpunkt Europas).

Literatur

ADAMS, S. et al. (2003): The DK Geography of the World. London et al.

ARBEITSGRUPPE CURRICULUM+ DER DEUTSCHEN GESELLSCHAFT FÜR GEOGRAPHIE (2002): Curriculum 2000+. In: geographie heute, Heft 200, S. 4–7

DIE BEAUFTRAGTE DER BUNDESREGIERUNG FÜR MIGRATION, FLÜCHTLINGE UND INTEGRATION (Hrsg.) (2003): Handbuch für Deutschland. Berlin (www. handbuch-deutschland.de)

HEMMER, I. u.a. (2005): Topographisches Mindestwissen Deutschland. Ergebnisse einer Befragung gesellschaftlicher Spitzenrepräsentanten und Experten. In: Praxis Geographie, Heft 11, S. 46–48

4 Arbeiten wie ein Geograph

Yvonne Schleicher

Die Anwendung geographischer Arbeitsmethoden ist ein besonders motivierendes Element, um den Unterricht attraktiv und abwechslungsreich zu gestalten. Zu beachten bleibt immer, dass es dabei nicht zu reinem Aktionismus (Handlungsorientierung ohne Ziel) kommt. Daher steht vor dem Einsatz der Arbeitsmethode die geographische Frage, die untersucht werden soll. Diese Fragestellung sollten die Schüler am besten selbst aus einem Zusammenhang heraus entwickeln.

4.1 Geographische Fragen stellen

Geographische Fragestellungen stehen immer im Zusammenhang mit Hypothesen, die nach Auswertung der zugehörigen Erhebung verifiziert oder falsifiziert werden. Auf diese Weise wird im Unterricht wissenschaftlich gearbeitet und nicht nur „irgendetwas" gemessen, beobachtet, erfragt oder gezählt. Mögliche Fragestellungen sind:

- Wo ist etwas und warum ist es dort?
- Wie kam es dorthin?
- Wie hängt dieses Phänomen, dieser Ort oder Raum mit anderen Phänomenen, anderen Regionen oder Menschen zusammen?
- Was sind die Vorzüge, aber auch Probleme eines Raumes und seiner Menschen?
- Welche Lösungen gibt es für die vorhandenen Probleme und wie können zukünftige Probleme vermieden werden?

(vgl. HAUBRICH 2001, S. 18–19)

4.2 Geographische Arbeitsmethoden und Anwendungsbeispiele

Die nachfolgende Übersicht zeigt eine Auswahl von fachspezifischen Arbeitsmethoden mit Anwendungsbeispielen für den Unterricht, die zum Teil in diesem Buch vorgestellt werden.

Geographische Arbeitsmethoden und Anwendungsbeispiele

1. Allgemeingeographische Arbeitsmethoden	2. Physischgeographische Arbeitsmethoden	3. Arbeitsmethoden der Kulturgeographie
Geländeanalysen	**Messungen**	**Messungen**
Entdecken von Nutzungskonflikten: Geländeskizze Tramin/Südtirol (Kap. 3, → S. 88 f.)	Wasserstand an Binnengewässern und Flüssen (Auswirkungen der Schneeschmelze oder trockener Sommer)	Lärm an verschiedenen Standorten/zu unterschiedlichen Zeiten (Kap. 4.2, → S. 120 ff.)
Anfertigen von Skizzen und Plänen	**Bestimmungen**	**Verkehrszählung**
Geländeskizzen zur Darstellung raumprägender Elemente: Tramin/Südtirol (Kap. 3, → S. 88 f.); Wegeskizzen: Stadtrallye (Kap. 6.2, → S. 190 f.)	Gesteinsbestimmungen: Digital arbeiten, Vorstellung der CD-ROM „System Erde" (Kap. 5, → S. 160)	Rollender und ruhender Verkehr (parkende Fahrzeuge): Herkunft, Anzahl und Art der Verkehrsteilnehmer (Kap. 4.2, → S. 117 ff.)
Karten lesen und verstehen	**Experimente/Versuche**	**Interviews/Befragungen**
Topographie und Kartenarbeit (Kap. 3, → S. 82 ff.)	Versuche im Gelände (Kap. 6.4, → S. 200 ff.)	Zufriedenheit von Touristen, Einkaufsverhalten (Kap. 4.2, → S. 108 ff. u. 119 ff.)
Orientierungsfähigkeit	**Proben bewerten**	**Kartierungen**
Stadtrallye (Kap. 6.2, → S. 190 f.) Topographie und Kartenarbeit (Kap. 3, → S. 82 ff.)	Bodenproben und -profile beschreiben und zeichnen (Kap. 6, → S. 200 ff.); Digital arbeiten: Vorstellung der CD-ROM „System Erde" (Kap. 5, → S. 160)	Pendlerströme darstellen, Flächennutzungen dokumentieren

Befragungen: Touristen und Zimmervermieter

Die Befragung als Arbeitsmethode dient nicht nur der reinen Datenerhebung, die Schüler trainieren hiermit zugleich auch ihre sozialen Kompetenzen (vor allem Umgangsformen). Interviews und Befragungen werden häufig mit einem Leitfragebogen durchgeführt, die Themenfelder aus den lokalen Gegebenheiten abgeleitet:

- Einkaufsgewohnheiten (Shopping-Center vs. Innenstadt, Einkaufsverhalten in Grenzregionen …)
- Freizeitverhalten
- Zufriedenheit von Kurgästen und Touristen mit dem Angebot von Fremdenverkehrsorten
- …

Die nachfolgenden beiden Beispiele zur Befragung von Besuchern und Zimmervermietern wurden für Kurorte im tschechischen Bäderdreieck (Marienbad, Karlsbad, Franzensbad) entwickelt und verwendet. Den Fragebögen zugrunde lagen Hypothesen zur Beliebtheit der Orte bei deutschen Tagestouristen und Kurgästen sowie zur möglichen Kurortentwicklung, die überprüft werden sollten.

Die Durchführung der Befragung von Kurgästen und Touristen erwies sich als einfach. Diese Zielgruppe wurde vor allem in Kurparks angesprochen, und da die Gäste entspannt waren und Zeit hatten, freuten sich sogar einige über die „Abwechslung". Schwieriger gestaltete sich die Befragung der

Zimmervermieter, die wenig Zeit hatten und auch kein eigenes Interesse bzw. keinen Vorteil darin sahen, die Fragebögen zu beantworten.

(Zur Auswertung und Präsentation der Ergebnisse siehe die „Checkliste für schriftliche Arbeiten und Referate" auf S. 135 ff.)

Befragung von Touristen in Franzensbad

Besucherbefragung: Kurort-Beliebtheit

Ort: _____

Guten Tag/Grüß Gott!

Wir sind Schüler der _____ und füh-

ren im Rahmen einer Geographieexkursion Untersuchungen zur Entwicklung

der Kurorte in _____ durch.

Wir möchten Sie um die Beantwortung einiger Fragen bitten.
Dafür benötigen wir etwa fünf Minuten Zeit.

1. **Was ist der Zweck Ihres Aufenthaltes?**
   - ☐ Kuraufenthalt
   - ☐ Ersturlaub
   - ☐ Zweit- oder Mehrfachurlaub
   - ☐ Tagesausflug
   - ☐ Durchreise
   - ☐ Sonstiges: _____

2. **Waren Sie schon einmal hier?**
   - ☐ Ja
   - ☐ Nein
   - Wie oft? _____

3. **Auf welche Weise wurden Sie auf das Kurbad aufmerksam?**
   (Mehrfachnennungen möglich)
   - ☐ persönliche Empfehlung
   - ☐ Prospekt
   - ☐ Zeitung/Zeitschrift
   - ☐ Reiseveranstalter u. Ä.
   - ☐ Empfehlung des Arztes
   - ☐ Durchreise
   - ☐ Sonstiges: _____

4. Was gefällt bzw. missfällt Ihnen hier im Ort am meisten?

a) Mir gefällt:

_____

b) Mir missfällt:

_____

c) Ich vermisse:

_____

5. Wie beurteilen Sie das Preis-Leistungs-Verhältnis des Kurortes?

☐ sehr gut   ☐ weniger gut
☐ gut   ☐ schlecht
☐ angemessen

6. Woher kommen Sie?

a) Stadt: _____

b) Bundesland: _____

c) Staat/Land: _____

7. Welcher Altersgruppe dürfen wir Sie zurechnen?

☐ 20 Jahre und jünger   ☐ 51–60 Jahre
☐ 21–30 Jahre   ☐ 61–70 Jahre
☐ 31–50 Jahre   ☐ 71 Jahre und älter

8. Geschlecht

☐ weiblich   ☐ männlich

Haben Sie vielen Dank für Ihre Unterstützung.
Wir wünschen Ihnen noch einen angenehmen Aufenthalt!

Standort der Befragung: _____

Anmerkungen zur Befragung:

_____

_____

Kurort-Entwicklung – Kurzbefragung von Zimmervermietern

Ort: _____

Guten Tag/Grüß Gott!

Wir sind Schüler der _____ und füh-

ren im Rahmen einer Geographieexkursion Untersuchungen zur Entwicklung

der Kurorte in _____ durch.

Wir möchten Sie um die Beantwortung einiger Fragen bitten.
Dafür benötigen wir etwa fünf Minuten Zeit.

Die nachfolgenden Fragen sollte im Idealfall der Inhaber bzw. Geschäftsführer
des Gastronomiebetriebes beantworten:

1. **Hotelname:** _____

2. **Seit wann besteht der Betrieb am jetzigen Standort?**   Jahr: _____

3. **Seit wann haben/führen Sie den Betrieb?**   Jahr: _____

4. **Wie groß ist Ihr Betrieb?**   Bettenanzahl: _____   Zimmeranzahl: _____

5. **Wie zufrieden sind Sie mit dem zu erwartenden Auslastungsgrad der Betten in diesem Jahr?**
    ☐ sehr zufrieden
    ☐ zufrieden
    ☐ weniger zufrieden
    ☐ nicht zufrieden

6. **Gibt es in Ihrem Betrieb saisonale Schwerpunkte?**
    ☐ Nein, die Gäste sind über das Jahr gleichmäßig verteilt.
    ☐ Ja, die saisonalen Schwerpunkte liegen in den Monaten:

    _____

    _____

7. **Wie viel Prozent Ihrer Gäste sind:**
   Kurgäste (Krankenkasse)   _____ %
   private Kurgäste   _____ %
   Urlauber (mind. vier Tage) _____ %
   Kurzurlauber   _____ %
   Durchreisende   _____ %
   Geschäftsreisende   _____ %
                             _____
                             100 %

8. **Nur Zimmervermieter: Wie werden Ihre Gäste in der Regel auf Sie aufmerksam?/Wer vermittelt Ihnen die Gäste?**
   ☐ Zimmervermittlung durch den Fremdenverkehrsverein
   ☐ eigene Werbung, Mundpropaganda, langjährige Tradition
   ☐ Reiseprospekte (TUI u. a.)
   ☐ Krankenkassen
   ☐ Sonstiges: _____

9. **Haben Sie vor, Ihr Angebot in den nächsten fünf Jahren zu verändern?**
   ☐ nein
   ☐ ja, und zwar _____

10. **Können Sie Fördermittel für Umbau/Renovierungsarbeiten bekommen?**
    ☐ nein
    ☐ ja, und zwar von _____

11. **Bei den Fördermitteln handelt es sich um Mittel aus welchem/n Förderprogramm/en?**

    _____

    _____

Haben Sie vielen Dank für Ihre Unterstützung!

Anmerkungen zur Befragung:

_____

_____

Befragung: Wahrnehmung der Grenze/ grenzüberschreitende Kontakte

Im Zuge der europäischen Vereinigung und nach Öffnung der osteuropäischen Grenzen sind unsere Nachbarstaaten leicht zu bereisen. Die Grenzformalitäten sind auf ein Minimum reduziert und das Zusammenwachsen der Völker kann weiter fortschreiten. Wie werden die grenzüberschreitenden Kontakte in der Bevölkerung wahrgenommen? Wie bestimmend sind auch heute noch die Grenzen in den Köpfen? Haben „Grenzübertritte" vor allem wirtschaftliche Gründe (Einkaufstourismus) oder entwickeln sich auch persönliche Bekanntschaften und Freundschaften, die nicht nur auf wirtschaftliche Handlungen ausgerichtet sind?

Die Befragung der „Einheimischen" diesseits und jenseits einer deutschen Grenze kann dazu beitragen, Vorurteile, Stereotype und Klischees abzubauen. Um die Ergebnisse mit den eigenen Vorstellungen zu vergleichen, können die Schüler vorab selbst ein Eigenschaftsprofil zum besuchten Land erstellen (vgl. Kapitel 1, → S. 25).

Eine solche Befragung muss nicht in unmittelbarer Grenznähe stattfinden. Vielmehr kann es ergänzend sehr interessant sein, am eigenen Schulort die „Beziehungen" zu unseren europäischen Nachbarn zu ermitteln: „Wann waren Sie das letzte Mal in Tschechien, Polen oder Belgien?"

Der nachfolgende Fragebogen wurde für Befragungen an den Grenzen zu Polen und Tschechien entwickelt.

Hinweisschild Landesgrenze

Befragung: Wahrnehmung der Grenze/grenzüberschreitende Kontakte

Standort: _____

Interviewer: _____

Datum: _____ Uhrzeit: _____

Guten Tag/Grüß Gott!
Wir sind Schüler der _____ und füh-
ren im Rahmen einer Geographieexkursion Untersuchungen zur Entwicklung
der Kurorte in _____ durch.

Wir möchten Sie um die Beantwortung einiger Fragen bitten.
Dafür benötigen wir etwa zehn Minuten Zeit.

1. **Wo wohnen Sie?** (ständiger Wohnsitz)

   _____

2. **Wie beurteilen Sie die Tatsache, nahe der Grenze zu wohnen?**
   ☐ positiv
   ☐ negativ
   ☐ schwer zu sagen

3. **Aus welchen Gründen beurteilen Sie das Wohnen in Grenznähe positiv bzw. negativ?**

   _____

4. **In welchem Maße beherrschen Sie die Sprache des Nachbarlandes?**
   ☐ sehr gut
   ☐ gut
   ☐ mittelmäßig
   ☐ wenig
   ☐ gar nicht

5. Haben Sie die Nachbarregion bereits vor den politischen Veränderungen besucht?
   ☐ ja   ☐ nein

6. Wie oft haben Sie nach 1991 die Grenze zu _____ überquert?
   ☐ sehr oft/pro Jahr etwa _____ -mal
   ☐ oft/pro Jahr etwa _____ -mal
   ☐ einige Male/pro Jahr etwa _____ -mal
   ☐ einmal
   ☐ gar nicht

7. Wie beurteilen Sie die Grenzöffnung und die Entwicklung der grenzüberschreitenden Zusammenarbeit?

   ☐ positiv, weil _____

   ☐ negativ, weil _____
   ☐ ich weiß nicht

8. Wie beurteilen Sie die Trennwirkung der Grenze heute im Vergleich zum Zeitraum vor 1991?
   ☐ Die Grenze teilt weniger als vorher.
   ☐ Die Grenze teilt mehr als vorher, weil _____
   ☐ Es gibt keine Veränderung.

9. Haben Sie über die Grenze hinweg Kontakte?
   ☐ ja   ☐ nein

   Falls nein: Sind Sie interessiert, Kontakte aufzubauen? _____

10. Über welche Kontakte zu den Bewohnern der Nachbarregion verfügen Sie?
   ☐ persönliche/familiäre
   ☐ berufliche
   ☐ Handelskontakte
   ☐ kulturelle
   ☐ touristische
   ☐ andere, z. B. _____

11. Gibt es in den zwischenstaatlichen Beziehungen in der Grenzregion
Probleme oder Konflikte?
☐ ja
☐ nein
☐ schwer zu sagen

12. Wenn ja, welcher Art sind die Probleme?

_____

_____

13. Persönliche Daten:

Wohnort: _____

Alter: _____   Geschlecht: _____

Ausbildung: _____

Beruf: _____

Nationalität: _____

Sprachkenntnisse: _____

14. Bemerkungen des Befragten:

_____

_____

Vielen Dank für Ihre Mitarbeit.

Fragen an den Interviewer
(bitte nach dem Interview ausfüllen)
1. Gab es Schwierigkeiten bei der Kontaktaufnahme oder Verständigung?
2. Wie schätzt du die Offenheit der Antworten des Befragten ein?
3. Weitere Bemerkungen:

_____

_____

Verkehrszählungen

Sie werden aus unterschiedlichen Gründen durchgeführt, der „Klassiker" ist die Ermittlung der Menge des Verkehrs, die zu einer bestimmten Zeit an einem Ort anfällt. Häufig sind damit Planungen für neue verkehrsberuhigte Zonen oder für den Bau von Umgehungsstraßen verbunden.

Geographen interessiert bei Verkehrszählungen vor allem die Herkunft der Besucher. So kann mit Schulklassen das Einzugsgebiet von Möbelhäusern (z.B. IKEA), Factory-Outlet-Stores (z.B. Wertheim an der A3 zwischen Frankfurt und Würzburg), Supermärkten (z.B. in Grenznähe) oder auch die Herkunft von Besuchern/Touristen in Kurorten (z.B. tschechisches Bäderdreieck) untersucht werden. Unterschieden wird bei solchen Untersuchungen zwischen rollendem und ruhendem Verkehr (Durchfahrt von Fahrzeugen in einer Straße vs. parkende Fahrzeuge auf ausgewiesenen Flächen).

Bei der Zählung des rollenden Verkehrs auf stark befahrenen Straßen ist es sinnvoll, für beide Fahrtrichtungen getrennte „Zählteams" einzuteilen. Zählorte, Zählzeiträume und die Fahrtrichtung der gezählten Fahrzeuge müssen vorab klar bekannt sein. Falls vorhanden, können Handzählgeräte eingesetzt werden, ansonsten sind die Zählungen (außer bei Autobahnen) auch mit einfachen Strichlisten zu bewältigen.

Der nachfolgende Zählbogen (→ S.118) wurde für Tschechien (CZ) entwickelt.

Das Ergebnis einer solchen Zählung kann gut in Karten dargestellt werden (Stichwort: GIS-Einsatz). So ergab die Verkehrszählung in den drei tschechischen Kurorten Karlsbad, Marienbad und Franzensbad, dass die meisten Fahrzeuge aus den angrenzenden deutschen Bundesländern Bayern

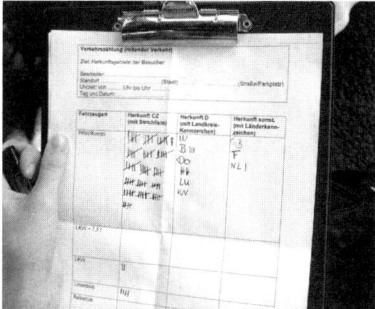

Verkehrszählung und Zählbogen (Hauptstraße Marienbad/Tschechien)

Verkehrszählung

☐ ruhender Verkehr

☐ rollender Verkehr

Ziel: Ermitteln der Herkunftsgebiete der Besucher

Bearbeiter: _____

Straße/Parkplatz: _____

Standort: _____

Zeitraum: von _____ bis _____ Uhr

Wochentag und Datum: _____   _____

Fahrzeugart	Herkunft CZ (Strichliste)	Herkunft D (Landkreis-kennzeichen)	Herkunft sonst. (Länder-kennzeichen)
Pkw/Kombi			
Lkw > 7,5 t			
Linienbus			
Reisebus			
Moped, Mofa, Motorrad			
Gesamt			

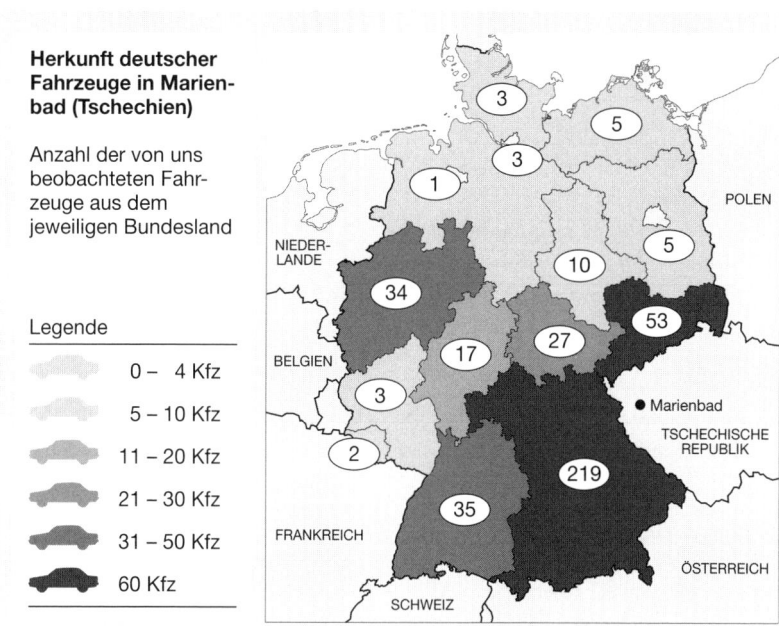

Ergebnisse einer Befragung zur Herkunft deutscher Fahrzeuge im tschechischen Kurort Marienbad

und Sachsen kamen. Weiterhin kam eine größere Anzahl von Fahrzeugen aus Baden-Württemberg und – für uns verwunderlich – auch aus Nordrhein-Westfalen. Unser Fazit dazu: Wieder eine neue geographische Frage, die geklärt werden sollte.

Preiserhebung in Grenzräumen: Gleiches Produkt – unterschiedlicher Preis?

Einkaufs- und Tanktourismus sind verbreitete Phänomene, nicht nur an den deutschen Grenzen zu Polen und Tschechien. Preisvorteile jenseits der Grenze sind häufig der Grund für den Besuch des Nachbarlandes. Mit Hilfe eines Preisvergleichs bei Produkten, die in gleicher Qualität auf beiden Seiten der Grenze erhältlich sind, kann detailliert analysiert werden, welche Waren den Einkaufstourismus auslösen.

Beispiele für die Erhebung:

- Backwaren (Großbäckereien liefern z.T. auch über die Grenze)
- Milch, Eier, Zucker, Nudeln
- Gemüse und Obst
- Getränke (z.B. Softdrinks, überregionale Biersorten)
- Zigaretten
- Fast Food internationaler Ketten
- Süßigkeiten und Knabbersachen
- Markenkleidung und Basics (z.B. weiße T-Shirts)
- Kosmetika und Medikamente (z.B. Aspirin, Paracetamol)

Besonders gut vergleichbar sind die Preise, wenn die Waren beiderseits der Grenze auch in Geschäften derselben Handelsketten (z.B. Lidl, Plus, Kaufland) verkauft werden.

Lärmmessung

Die Langzeitfolge von Lärm (Schallpegel, Frequenz und Dauer) kann ein erhöhtes Risiko für Herz-Kreislauf-Erkrankungen (z.B. Bluthochdruck, Herzinfarkt) sein. Auch der Lärm in einer Schulklasse wird in der Langzeitauswirkung der Kategorie „erhöhtes Risiko für Herz-Kreislauf-Erkrankungen" zugeordnet (im Klassenzimmer sind es durchschnittlich 55 bis 70 Dezibel, in der Turnhalle während des Unterrichts etwa 75 Dezibel).

Der Eindruck der Belästigung durch unterschiedliche Lärmquellen ist häufig subjektiv: Laute Musik wird je nach Art der Musik von verschiedenen Menschen als unterschiedlich störend empfunden. Auf Tanzflächen von Diskotheken und auf Konzertbühnen liegt der Schallpegel bei bis zu 130 Dezibel und wird dennoch nicht unbedingt als belästigend empfunden.

Dagegen wird Alltagslärm durch Straßen-, Flug-, Schienenverkehr sowie Industrie und Gewerbe allgemein als störend empfunden. Für den Unterricht kann dies Anlass sein, die Lebensqualität in der Nähe solcher Lärmquellen genauer zu untersuchen.

Schallpegel-Messgerät

Arbeitsauftrag

- Wo in deiner Lebenswelt ist es besonders laut?
- Erstelle eine Liste von Orten und führe eine Lärmmessung durch.
- Wer sind die Verursacher?
- Vergleiche die Werte mit der „traditionellen" Lärmquelle Verkehrslärm.

Im Unterricht kann dabei so vorgegangen werden:

1. Vorbereitung: Geographische Fragestellung entwickeln
Beispiele für Fragestellungen:
- Wo in der Stadt/Gemeinde ist es besonders laut?
- Wie könnte man dies ändern (z. B. Verkehrsführung, Tempolimit)?
- Wie ändert sich die Lärmbelastung bei unterschiedlichen Geschwindigkeitsbeschränkungen?

Die jeweilige Fragestellung legt das weitere Vorgehen fest: Wo soll gemessen werden, zu welchen Zeitpunkten, wie häufig, wie viele Gruppen werden benötigt …?

2. Methodische Einführung: Wie werden Schallmessungen durchgeführt?
Die technische Handhabung der Messgeräte ist einfach. Für die erste Testmessung kann untersucht werden: In welchen Unterrichtssituationen ist es in unserer Klasse gesundheitsschädigend laut?

3. Bereitstellung der Materialausrüstung:
- Karte vom Erhebungsgebiet (Stadtplan), in die Messorte eingetragen werden
- Schallpegel-Messgeräte
- GPS-Gerät für die exakte Standortbestimmung (Achtung: Probleme bei Straßenschluchten/hohen Gebäuden)
- Digitalkamera zur Dokumentation der Standortarbeit
- Schreibunterlagen und Messbögen

4. Durchführung der Lärmmessung im Gelände
In Gruppen führen die Schüler nun Messungen durch und halten die Ergebnisse in Erhebungsbögen fest (→ S. 122).

5. Auswertung der Ergebnisse und Präsentation
- Rückbezug zur Fragestellung (Beantwortung der Ausgangsfragen)
- Präsentation der Ergebnisse (vgl. „Checkliste für schriftliche Arbeiten und Referate", → S. 134 ff.)

Erhebungsbogen: Lärmmessung

Bearbeiter:	Datum:			
Straßenname:	Standort:			
GPS-Koordinaten:	Besonderheiten:			
Messung	1	2	3	4
Messwert in dB				
Uhrzeit				

© Cornelsen Verlag Scriptor, Berlin • Fundgrube Erdkunde

Die folgende Übersicht zeigt typische Schalldruckpegel einiger bekannter Geräusche und mögliche Lärmwirkungen bestimmter Lautstärkebereiche (vgl. KEIL/WILLICH 2006, S. 64 ff.):

Typische Schalldruckpegel	**dB(A)**	**Lärmwirkungen** Zahlen in dB(A)	
Start Düsenflugzeug	110–120	physische Zerstörung, Schmerzgrenze	Herz-Kreislauf-Erkrankungen
Presslufthammer	100–110		
Walkman	80–120	Gehörschädigung (> 85)	
Straßenverkehr, Föhn, Staubsauger, lautes Restaurant	60–90		
normale Unterhaltung	50–60	Leistungsabfall, Produktivitätsverlust	
Geräusche aus Nachbarwohnungen, Wohngebiet im Grünen	30–50	Kommunikationsstörungen (> 40), Konzentrationsstörungen	
tropfender Wasserhahn, Blätterrauschen im Wald, ruhige Bibliothek, leises Flüstern	20–30	Schlafstörungen	
Stille	0	Hörschwelle	

Neben den Messungen an einzelnen Standorten kann es bei einer hohen Dichte von Standorten angebracht sein, im Anschluss an die Messungen nun die Punkte gleicher Lärmbelastung zu verbinden und so eine Lärmpegelkarte zu erstellen. (Zum Thema Lärmmessungen im Unterricht siehe auch FALK/NÖTHEN 2004, S. 35–38 und FRAEDRICH 2005, S. 45–47)

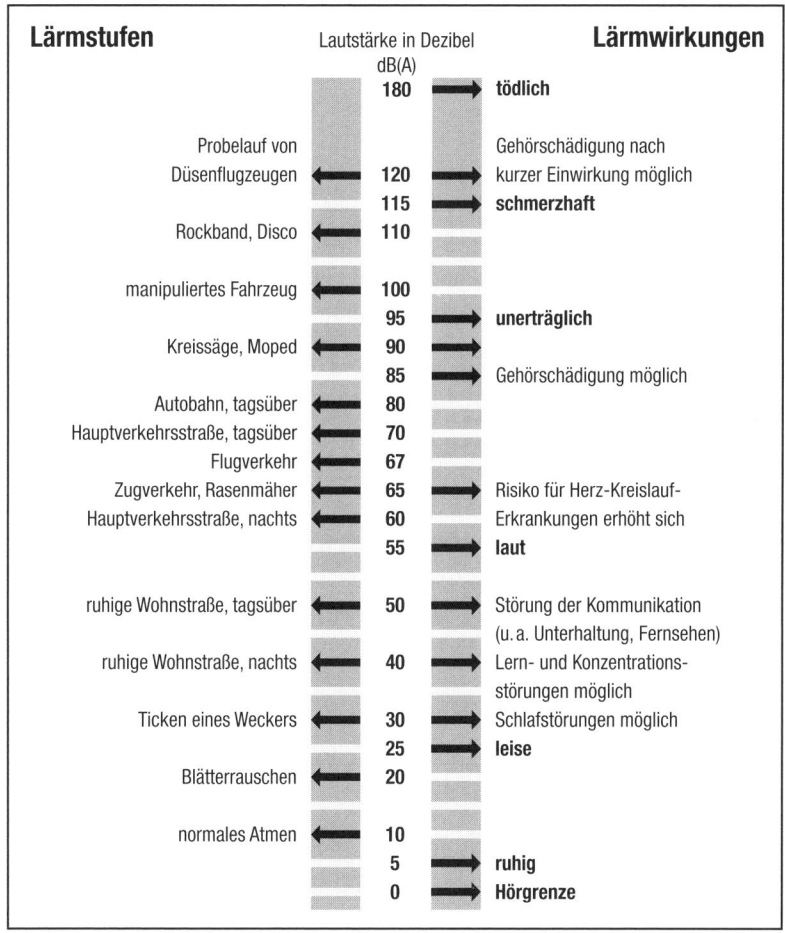

Lärmbelastungen und mögliche Auswirkungen (Quelle: Deutscher Arbeitsring für Lärmbekämpfung e. V.)

Tragbare MP3-Player gefährlich für die Ohren
Tragbare MP3-Player sind bei den Verbrauchern sehr beliebt. Doch viele drehen bei diesen kleinen, superleichten Musikabspielgeräten die Lautstärkeregler zu weit auf. Das britische Royal National Institute For Deaf People hat herausgefunden, dass 39 Prozent der 18- bis 24-Jährigen mindestens eine Stunde täglich Musik über Kopfhörer hören mit bis zu 105 Dezibel (dB(A)). In den USA gibt es sogar eine Sammelklage gegen einen Hersteller.
Die ständig steigenden Verkaufszahlen der kleinen Geräte alarmieren auch das Nationale Akustische Institut in Sydney, Australien. Dort befürchtet man, dass es in naher Zukunft immer mehr ernste Hörschäden geben wird, weil jeder vierte Nutzer seine Musik viel zu laut hört. In den Vereinigten Staaten kam es bereits zu einer Sammelklage (...). Man wirft dem Unternehmen vor, zu wenig zum Schutz der Konsumenten zu tun. Diese könnten ihre Ohren beim Musikhören mit einer maximalen Lautstärke von 130 Dezibel belasten, was der Lärmbelastung eines Formel-1-Rennens entspräche. (...). In Europa hatte schon vorher eine EU-Richtlinie die maximale Lautstärke tragbarer MP3-Player gesenkt. Wie die britische Studie zeigt, können die Geräte dennoch gehörschädigend laut eingestellt werden. So ist bei 105 Dezibel nach nur 25 Minuten die Lautstärkenbelastung erreicht, die man seinem Gehör innerhalb einer ganzen Woche (!) zumuten darf. Doch jeder dritte junge Brite belastet seine Ohren täglich mindestens eine Stunde mit dieser Dröhnung und nimmt damit bleibende Hörschäden in Kauf.

(Pressemitteilung der Fördergemeinschaft Gutes Hören, 2006)

Krach lässt Tumor wachsen
Wer dauerhaftem Lärm von mehr als 80 Dezibel ausgesetzt ist, erkrankt leichter an einem Tumor des Hörnervs. Dieser Wert wird etwa an einer stark befahrenen Straße erreicht. Mediziner an der Ohio State University (USA) ermittelten bei Lärmbelasteten ein anderthalbfach erhöhtes Risiko, dass sich das seltene Akustikus-Neurinom bildet.

(Aus: Apotheken Umschau, Heft 3, 2006, S. 64)

Feinstaubmessungen

Nach der neuen EU-Feinstaub-Richtlinie, die am 1.1.2005 in Kraft getreten ist, darf der Grenzwert von 50 Mikrogramm Feinstaub pro Kubikmeter Luft an maximal 35 Tagen im Jahr überschritten werden. Im Jahresdurchschnitt soll er unter 40 Mikrogramm liegen.

Seitdem diese Grenzwerte an verschiedenen Orten in Deutschland überschritten wurden, ist das Thema immer wieder in den Medien. Die Diskussion um die Nachrüstung von Rußpartikel-Filtern für Dieselfahrzeuge und temporäre Fahrverbote und Geschwindigkeitsvorgaben (z. B. in der Schweiz im März 2006 Tempo 80 auf Autobahnen) zeigen unsere direkte Betroffenheit. Die Messungen werden deutschlandweit durchgeführt – und häufig überschreiten Ring- und Ausfallstraßen in den großen Verdichtungsräumen die Grenzwerte.

Woher kommt Feinstaub? Neben natürlichen Feinstaubquellen (z. B. Sandstürme, Vulkanausbrüche, Bodenerosionsprozesse, Pollenflug und Waldbrände) liefern vor allem die anthropogenen Verursacher wie Industriebetriebe, Kraftfahrzeuge und Heizungen belastenden Feinstaub, innerhalb von Ortschaften belasten vor allem die Dieselkraftstoff-Abgase und die vom Verkehr aufgewirbelten Partikel (z.b. Abrieb von Bremsbelägen, Reifen, Straßenbelag).

Die Messungen werden mit digitalen Messgeräten durchgeführt, Feinstaub kann aber auch mit selbstgebauten Geräten in Form einfacher Objektträger aus Klebefolie nachgewiesen werden. Bei solchen Messungen geht es nicht um die exakte Ermittlung der Anzahl der Staubpartikel, sondern vielmehr um die Untersuchung der unterschiedlichen Belastung einer Region bzw. eines Ortes. (Zum Thema Feinstaubmessung siehe auch FRAEDRICH 2005, S. 50 f.)

Bauanleitung für ein Feinstaub-Messgerät

- Karton in den Maßen 11 x 23 cm ausschneiden.
- In der Mitte des Kartons mit einem Teppichmesser ein Fenster von 6 x 10 cm ausschneiden.
- Transparente Klebefolie über den Ausschnitt kleben, die Schutzfolie aber erst zu Beginn der Messung abziehen.
- Die vier Ecken des „Messgeräts" lochen, damit später eine Schnur zum Befestigen durchgezogen werden kann.

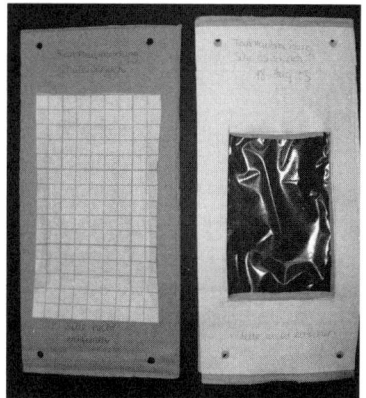

Selbstgebautes Feinstaub-Messgerät
(links: vor der Messung)

Mess-Stelle unter einer Brücke

Durchführung der Messung

1. Hypothesenbildung/geographische Frage: Wo in unserem Ort sind möglicherweise unterschiedlich hohe Feinstaubbelastungen ermittelbar? (Und woran könnte dies liegen?)
2. Unterschiedliche Standorte auf einem Stadtplan markieren und auf dem Objektträger vermerken. (Die Mess-Stationen müssen vor Regen und Spritzwasser geschützt sein!)
3. Objektträger an den Messorten anbringen.
4. Nach drei Tagen Objektträger wieder einsammeln und unter einem Mikroskop vergleichen (oder alternativ mit dem Overheadprojektor an die Wand projizieren).
5. Auswertung und Ergebnispräsentation (vgl. Checkliste S. 134 ff.).

Hier weitere Materialien zur vertiefenden Bearbeitung des Themas:

Feinstaub

(...) Feinstäube – ob aus natürlicher Quelle oder durch den Menschen verursacht – stellen derzeit das größte Gesundheitsproblem dar. Nur Bruchteile von Millimetern groß, sind diese winzigen Teilchen für das bloße Auge nicht sichtbar. Lediglich während bestimmter Wetterlagen zeigen sie sich als „Dunstglocken" über betroffenen Regionen.

Viele Quellen
Besonders hoch ist die Feinstaubbelastung in Großstädten. Auspuffe von Dieselfahrzeugen und Schornsteine von Kraftwerken setzen Feinstaub direkt frei, durch chemische Reaktionen entsteht er aus Schwefel- und Stickstoffoxiden. Deren Herkunft ist unüberschaubar: Verkehr, Heizungen, Industriebetriebe, Kraftwerke, Umschlag und der Transport staubender Güter zählen dazu.
Hinzu kommt, dass Feinstaub über viele hundert Kilometer mit der Luft transportiert werden kann. Sahara-Feinstaub gelangt mit der Luft bis nach Nordeuropa.

Gefährliche Fracht
Diese mikroskopisch kleinen, für das bloße Auge nicht sichtbaren Staubpartikel können bis in die Lunge gelangen und sind daher besonders gesundheitsschädigend. Herz-Kreislauf- und Atemwegserkrankungen bis hin zu Lungenkrebs können die Folge sein.
Untersuchungen der Weltgesundheitsorganisation zeigen, dass mit Feinstaub belastete Luft die durchschnittliche Lebenserwartung in Deutschland um etwa zehn Monate verkürzt.

Belastungssituation
Feinstaub in der Luft ist ein ungelöstes Problem. Zwar geht die Belastung in Deutschland im langjährigen Mittel leicht zurück, doch vor allem an verkehrsreichen Straßen werden die geltenden Grenzwerte immer wieder überschritten.

Europaweite Maßnahmen
Seit Januar 2005 gelten europaweit Grenzwerte für Feinstaub in der Luft, die nur an wenigen Tagen im Jahr überschritten werden dürfen. Kommunen und Länder, in denen diese Werte nicht eingehalten werden konnten, haben inzwischen Luftreinhalte- und Aktionspläne erarbeitet. Darin festgeschriebene räumlich und zeitlich begrenzte Maßnahmen wie Fahrverbote an Tagen mit hoher Feinstaubbelastung sind jedoch nicht ausreichend.

Perspektiven
Aus Sicht des Umweltbundesamtes ist die europaweite Einführung des Partikelfilters für Dieselfahrzeuge unabdingbar. Die Festlegung strenger Abgasnormen für Pkw und vor allem Lkw, die Einführung einer vom Schadstoffausstoß abhängigen Lkw-Maut und die weitere Senkung der Emissionen aus privaten Feuerungen und Industrieanlagen sind weitere Maßnahmen, mit denen die Belastung durch Feinstaub deutlich gesenkt werden könnte.

(Aus: Presseinformation des Umweltbundesamts vom 20.2.2006)

Die Nebenwirkungen der Behaglichkeit:
Feinstaub aus Kamin und Holzofen
Holz wird seit einigen Jahren häufiger als Brennstoff genutzt. Gründe dafür sind
teilweise die hohen Gas- und Ölpreise, zudem werden sogenannte „Komfortfeu-
erstätten" beliebter: offene Kamine oder Kaminöfen, die eher der Behaglichkeit
als der Wärmeerzeugung dienen. (...)
In Deutschland gibt es momentan schätzungsweise 14 Millionen kleine Anlagen, die aus festen Brennstoffen – meist Holz – Energie gewinnen. Die Kehr-
seite dieser Entwicklung: Bei kleinen Holzfeuerungsanlagen – also zum Beispiel
solchen im heimischen Wohnzimmer oder Keller – gibt es noch erhebliche Probleme mit Luftschadstoffen. (...) Bereits heute sind in Deutschland die Emissionen an gesundheitsschädlichem Feinstaub aus Holzfeuerungsanlagen in
Haushalten und im Kleingewerbe insgesamt etwa so hoch wie die aus den Mo-
toren der Pkw, Lkw oder Motorräder.
(Aus: Hintergrundpapier des Umweltbundesamtes vom 9.3.2006, S. 1 f.)

Arbeitsauftrag

● Welche Aspekte bestimmen die Debatte um die Feinstaubbelastung?
● Vergleiche unterschiedliche Positionen (z. B. Automobilhersteller vs. Heizungs-
   technik).

Bewertung des Wohnortes

Bei der Wohnungssuche spielen nicht nur der Preis und die Qualität der
Wohnung selbst eine Rolle, sondern auch andere Kriterien wie die Erreichbarkeit der individuell als wichtig erachteten Einrichtungen. Eine Bewertung der Stadt- bzw. Ortsteile kann hier wichtige Hinweise geben.
Im Unterricht können Schüler solche Bewertungen auch selbst vornehmen
und so das Thema „Wohnattraktivität" (z. B. im Zusammenhang mit dem
Bevölkerungsrückgang in Deutschland) aktiv in Bezug auf den eigenen
Standort erkunden. Liegt ein Mietspiegel vor, so ist dies ein objektives Be-
wertungskriterium für die einzelnen Stadt- bzw. Ortsteile. Viele andere Kriterien (s. u.) unterliegen subjektiven Beurteilungen.
Bei der Bewertung können bestimmte Kriterien noch weiter differenziert
werden, z. B. das Freizeitangebot (Angebote für Jugendliche, junge Fami-
lien, Best Agers und Rentner) oder auch das Angebot der Gastronomie (Art
der Lokale, Preise).

Mögliche Bewertungskriterien:
- Mietkosten (Mietspiegel)
- Alter der Bausubstanz
- Attraktivität der Stadt- bzw. Ortsteile (Bausubstanz)
- Erreichbarkeit der Schule mit dem Fahrrad
- Erreichbarkeit der Schule mit öffentlichen Verkehrsmitteln
- Lärmbelastung in den Stadt- bzw. Ortsteilen
- Freizeitangebot: Sport
- Freizeitangebot: Kultur (Kino, Theater …)
- Gastronomie-Angebot
- Erreichbarkeit wichtiger Gebäude (Bibliothek …)

Die Bewertung lässt sich mit „Expertengruppen" in der Klasse durchführen. Ideal ist es, wenn jeweils mehrere Schüler eines Stadt- oder Ortsteils diesen auch beurteilen, denn dann zeigt die Diskussion in der Gruppe schon die Schwierigkeit einer einheitlichen Bewertung.

Liegen alle Bewertungen vor, können die Ergebnisse über Excel-Tabellen mit einem GIS (Geographischen Informationssystem) verbunden und so Karten zu den einzelnen Bewertungskriterien erstellt werden. Ebenso können die Ergebnisse aber auch von Hand oder mit Bildbearbeitungsprogrammen in Karten dargestellt werden.

Befragung zur Bewertung des Wohnortes

Der Wohnort kann auch aufgrund von Befragungen der Bewohner bewertet werden. Hierfür können unterschiedliche Befragungsbögen eingesetzt werden. Beispiele finden Sie auf den folgenden Seiten (Fragebögen verändert nach REUBER/PFAFFENBACH 2005, S. 71–74).

Der zweite Bogen (Semantisches Profil) kann so bearbeitet werden:

Arbeitsauftrag
1. Kreuze jeweils die zutreffende Kategorie an.
2. Verbinde alle Kreuze zu einer Linie.
3. Vergleiche die Bewertungen von mehreren Personen.

Bewohnerbefragung: Bewertung des Wohnortes

1. **Wie zufrieden sind Sie mit Ihrer Wohnsituation?**
   - ☐ sehr zufrieden
   - ☐ zufrieden
   - ☐ mehr oder weniger zufrieden
   - ☐ nicht zufrieden
   - ☐ sehr unzufrieden
   - ☐ weiß nicht

2. **Sind Sie der Meinung, dass Ihre jetzige Wohnsituation Ihren Bedürfnissen im Alter gerecht wird?**
   - ☐ ja
   - ☐ nein
   - ☐ weiß nicht

3. **Was könnten für Sie möglicherweise Gründe für einen Wegzug sein?**
   - ☐ Arbeitsplätze
   - ☐ Ausbildung
   - ☐ private Kontakte
   - ☐ Preisniveau
   - ☐ Wohnsituation
   - ☐ Sonstiges (bitte eintragen) _____
   - ☐ Umwelt
   - ☐ Familie
   - ☐ Freizeit

4. **Was ist Ihrer Meinung nach besonders wichtig für ein gutes, gemeinschaftliches Zusammenleben in Ihrem Ortsteil?**

	Trifft zu	Trifft etwas zu	Trifft nicht zu
sich beim Einkaufen treffen	☐	☐	☐
Wochenmarkt besuchen	☐	☐	☐
Arbeitskollegen, die auch am Ort wohnen	☐	☐	☐
man muss hier groß geworden sein	☐	☐	☐
Mitglied in Vereinen sein	☐	☐	☐
in der kirchlichen Gemeinschaft leben	☐	☐	☐
Freunde am Ort haben	☐	☐	☐
oft in Kneipen gehen	☐	☐	☐
öffentliche Veranstaltungen besuchen	☐	☐	☐
Nachbarschaft pflegen	☐	☐	☐
sich anpassen	☐	☐	☐

Semantisches Profil: Bewertung des Wohnortes

	sehr	ziem-lich	etwas	unent-schieden	etwas	ziem-lich	sehr	
schön								hässlich
bunt								grau
groß								klein
vertraut								fremd
einladend								abweisend
geschäftig								ausge-storben
gesellig								ungesellig
ver-winkelt								übersicht-lich
leise								laut
hell								dunkel
abwechs-lungsreich								langweilig
gepflegt								ungepflegt
über-schaubar								anonym
natürlich								künstlich
vielfältig								monoton
grün								grau
städtisch								ländlich

Themenbezogene Bewertung des Stadtteils

	trifft zu	trifft etwas zu	trifft nicht zu
Räumliche Qualitäten			
Die Entfernung vom lauten Stadtzentrum ist mir wichtig.			
Viel Grün und eine ruhige Lage sind hier ganz typisch.			
Die Atmosphäre hier ist mehr künstlich als gewachsen.			
Soziale Qualitäten			
Die Anonymität ist hier sehr groß.			
Nachbarschaftshilfe wird hier großgeschrieben.			
Hier wohnen überwiegend sozial schwache Personen.			
Emotionale Qualitäten			
Hier gibt es noch so etwas wie Stadtteilgeist.			
... ist in ... (Stadt) ein einmaliger Stadtteil.			
In welchem Stadtteil von ... (Stadt) man wohnt, ist letztlich nicht so wichtig.			

Das Ergebnis der Befragung kann z.B. mit Hilfe von Diagrammen dargestellt werden. Im folgenden Beispiel wurde dabei der Anteil der „trifft zu"-Antworten in Prozent angegeben.

Auswertung: Themenbezogene Bewertung der Stadtteile

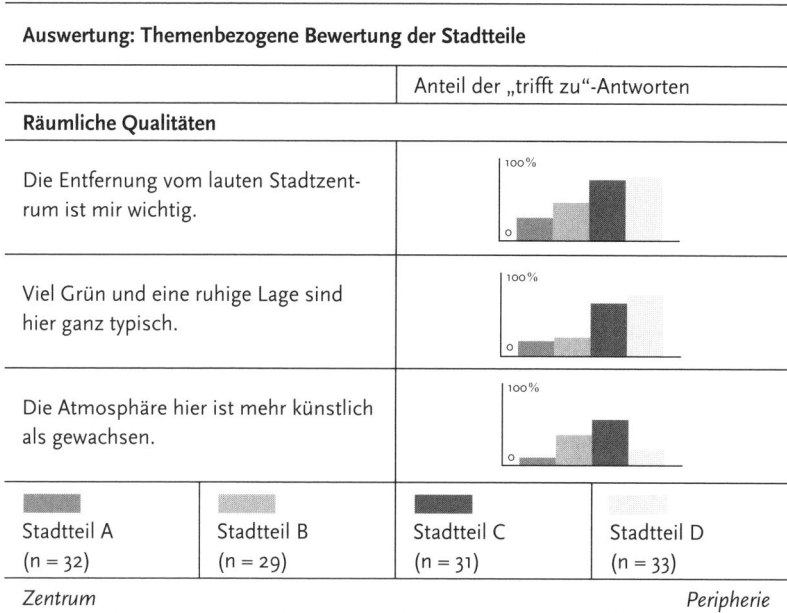

	Anteil der „trifft zu"-Antworten
Räumliche Qualitäten	
Die Entfernung vom lauten Stadtzentrum ist mir wichtig.	
Viel Grün und eine ruhige Lage sind hier ganz typisch.	
Die Atmosphäre hier ist mehr künstlich als gewachsen.	

Stadtteil A (n = 32)	Stadtteil B (n = 29)	Stadtteil C (n = 31)	Stadtteil D (n = 33)
Zentrum			*Peripherie*

Ergebnis der Stadtteilbewertung (vgl. Reuber/Pfaffenbach 2005, S. 75)

4.3 Arbeiten präsentieren

Im Rahmen des Kompetenzerwerbs liegt der Fokus auch auf der Fähigkeit, sich selbst und die eigenen Arbeitsergebnisse richtig präsentieren zu können. Dazu hat es sich als sinnvoll und entlastend erwiesen, wenn Schüler vor der Ausarbeitung von schriftlichen Arbeiten und mündlichen Präsentationen die Beurteilungskriterien kennen. Die nachfolgende „Checkliste für Referate und schriftliche Arbeiten" basiert auf einem Entwurf von Heinrich und Sibylle Reinfried. Sie gibt einen Rahmen vor, der hilft, Präsentationen und schriftlichen Arbeiten in die richtige Form zu bringen. Dabei sind die zwei ausschlaggebenden Kriterien:

1. Ist das Ziel der Arbeit klar definiert (geographische Fragestellung)?
2. Ist in der Arbeit ein roter Faden erkennbar? (Warum wurden einzelne Passagen/Kapitel eingefügt? Werden diese tatsächlich zum Erreichen des Ziels der Arbeit benötigt?)

Checkliste für schriftliche Arbeiten und Referate

Die folgenden Punkte sollen beim Erstellen einer Arbeit berücksichtigt werden. Beachte alle Hinweise und hake sie ab, sobald du sie berücksichtigt hast. Gib diese Checkliste zusammen mit deiner Arbeit ab.

Thema der Arbeit
- Das Thema meiner Arbeit (bearbeitete Untersuchungsfrage) ist auf dem Titelblatt klar formuliert.

Aufbau der Arbeit
- Die Arbeit besteht aus folgenden Teilen: Titelseite, Inhaltsverzeichnis, Zusammenfassung (Abstract), Einleitung, Hauptteil, Schluss(-folgerung). Ergänzt sind: Abbildungen, Karten, Tabellen, Statistiken, Quellennachweis/Literaturliste.
- Gestaltung des Titelblatts:
  Thema der Arbeit (inkl. Fragestellung),
  Titelbild zum Thema,
  Name des Verfassers
- Die Arbeit ist klar strukturiert, z. B. nach der Dezimalklassifikation (Punkte richtig setzen!):
  1
  1.1
  1.1.1
- Die Zusammenfassung (Abstract) enthält in kurzer Form das bearbeitete Thema (mit meiner Fragestellung) und die wesentlichen Ergebnisse der Arbeit.
- Die Einleitung enthält einen Überblick über die Ziele, Methoden und Inhalte der Arbeit (roter Faden).
- Durch den Hauptteil der Arbeit zieht sich ein „roter Faden", der in der Einleitung entwickelt wurde.
- Der Hauptteil ist keine Aneinanderreihung von Themen/Unterpunkten, sondern es wird nachvollziehbar, warum die einzelnen Unterpunkte in die Arbeit aufgenommen wurden.

Inhalt (Hauptteil)
Beim Inhalt (Hauptteil) wurde auf folgende Punkte geachtet:
- Fragen wurden aufgeworfen und beantwortet.
- Die einzelne Unterpunkte der Arbeit beziehen sich aufeinander (roter Faden).

- Neben Informationen aus der verwendeten Literatur enthält die Arbeit auch meine eigenen Gedanken/Argumente (z. B. eigene Erhebungen/ Beobachtungen).
- Ich habe genau angegeben, woher mein Wissen stammt.
- Wenn Gedanken anderer Autoren zusammengefasst wurden, ist dies im Text am Ende der Passage kenntlich gemacht.
Beispiel: nach Haubrich, 1997, S.120

Hinweise zur Literaturliste
Die Angaben zur verwendeten Literatur sind folgendermaßen gestaltet:

Bücher:
Goudie, Andrew (2002): Physische Geographie. Spektrum Lehrbuch, 4. Auflage. Heidelberg: Spektrum Akademischer Verlag

Zeitschriften:
Hörstmeier, Oliver (2006): Kleine Inselstaaten im umkämpften internationalen Tourismusmarkt. In: Zeitschrift für Wirtschaftsgeographie, Jg. 50, H. 2, S.123–138

Atlanten:
DIERCKE Weltatlas (1991): Küstenformen. 2. aktualisierte Auflage, Braunschweig, S.27

Internetseiten:
Autor, Organisation, Titel/Thema, Navigation zur Site, Tag, an dem die Website aufgesucht wurde
Hinweis: Es sollten nicht ausschließlich Internetquellen verwendet werden. Die Verwendung von Fachliteratur wird erwartet.

Orthographie, Grammatik und Stil
- Ich habe meine Arbeit sorgfältig durchgelesen und alle Fehler korrigiert.
- Ich habe nicht einfach Notizen und Zitate aneinandergereiht, sondern versucht, einen gut lesbaren deutschen Text zu verfassen.

Bei Gruppenarbeiten:
- In der Gruppe haben wir die Teile der Arbeit gegengelesen, die wir nicht selbst, sondern die unsere Gruppenmitglieder verfasst haben.
- Jedes Gruppenmitglied hat die ganze Arbeit sorgfältig durchgelesen und alle Fehler korrigiert.

Qualität von Abbildungen
- Abbildungen sind gut lesbar (gut kopiert ist besser als schlecht gescannt).

Referat mit Handout im Unterricht

- Das Referat ist eine Zusammenfassung der schriftlichen Arbeit. Ich lese also nicht einfach die schriftliche Arbeit vor, sondern fasse deren Inhalt mündlich zusammen.
- Die Zuhörer erhalten ein Handout (max. zwei Seiten) und können sich zum Vortrag Notizen machen. Abgegeben wird das Handout zwei Tage bevor das Referat gehalten wird (Korrektur und Kopieren).
- Damit die Zuhörer den Ausführungen besser folgen können, habe ich für das Referat Folien (oder eine PowerPoint-Präsentation) mit den wichtigsten Punkten und Abbildungen vorbereitet.
- Die Texte der Folien sind so groß geschrieben, dass sie von den hintersten Reihen im Raum lesbar sind.
- Abbildungen auf Folien wurden so vergrößert, dass sie von der hintersten Reihe aus sichtbar sind. Wichtige Stellen wurden auf der Folie oder während des Vortrags hervorgehoben.
- In die Präsentation ist, wenn möglich, eine Sequenz eingearbeitet, bei der die Zuhörer selber aktiv werden müssen (Ausnahme: Kurzreferate). Damit dieser praktische Teil reibungslos ablaufen kann, sorge ich im Voraus dafür, dass alle benötigten Materialien (Kopien, Modelle, Karten, Atlanten, Experimente etc.) in ausreichender Anzahl zur Verfügung stehen.
- Während des Vortrags stelle ich dem Publikum interessante Fragen, die zum Mitdenken anregen.

Academic Honesty

- Ich bestätige hiermit, dass ich den Text/den von mir beigesteuerten Textteil selbst verfasst habe. Mein Text besteht einerseits aus den Informationen, die ich gelesen habe, andererseits aus eigenen Gedanken.

- Datum und Unterschrift :

Literatur

FALK, G./NÖTHEN, E. (2004): Lärm. Schüler erforschen mit GIS stadtökologische Phänomene. In: Praxis Geographie, Heft 2, S. 35–38

FRAEDRICH, W. (2005): Wie ermittelt man Lärmbelastung? In: geographie heute, Heft 231/232, S. 45–47

FRAEDRICH, W. (2005): Wie registriert man Luftverschmutzung bzw. Luftbelastung? In: geographie heute, Heft 231/232, S. 50 f.

HAUBRICH, H. (2001): Methodenkompetenz. In: geographie heute, Heft 192, S. 18–19

KEIL, T./WILLICH, S. (2006): Chronischer Lärm erhöht Infarktrisiko. Unterschiede zwischen Frauen und Männern. In: Forschung und Lehre 13, Heft 2, S. 64 ff.

REUBER, P./PFAFFENBACH, C. (2005): Methoden der empirischen Humangeographie. Beobachtung und Befragung. Das Geographische Seminar. Braunschweig

5 Digital arbeiten

Yvonne Schleicher und Karsten Jonas

Im Bereich der digitalen Unterrichtsmedien ist die Vielfalt der Möglich-keiten inzwischen so groß geworden, dass die nachfolgenden Seiten hier keinen umfassenden Überblick bieten können. In den fachdidaktischen Zeitschriften und der fachdidaktischen Literatur (z.B. SCHLEICHER 2004) wurden schon viele Unterrichtsvorschläge mit digitalen Medien dokumen-tiert. Der rasante Fortgang der Entwicklung bringt aber auch hier immer neue Best-Practice-Beispiele zutage. Um einige davon vorzustellen, haben wir in diesem Kapitel eine Auswahl empfehlenswerter Internetseiten und neuer Software sowie Hinweise auf nützliche digitale Geräte für den Geo-graphieunterricht zusammengestellt. Weitere Unterrichtsvorschläge mit digitalen Medien sind den Themen der anderen Kapitel zugeordnet (z.B. Routenplaner im Kapitel 2).

5.1 Simulationen und Animationen im Netz

Physische Geographie interaktiv: WEBGEO

▶ URL: www.webgeo.de

WEBGEO bietet interaktive Lernmodule zu Themen der Physischen Geo-graphie. Sie wurden speziell für komplexe und schwierige Sachverhalte entwickelt, um ein leichteres Verständnis von räumlichen Prozessen zu er-möglichen. In *Basislernmodulen* werden Wissensbausteine zu folgenden Themen angeboten: Klimatologie, Pedologie, Hydrologie, Geomorphologie, Vegetationsgeographie, Siedlungsgeographie und Fernerkundung. Diese

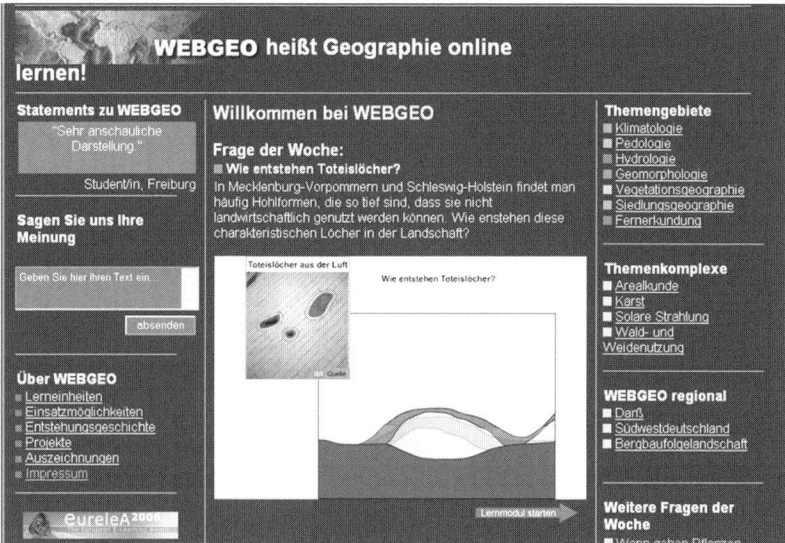

WEBGEO-Startseite (www.webgeo.de)

Themenkomplexe werden in *Strukturlernmodulen* vernetzt. Besonders gelungen sind die *Flash-Simulationen* und *Animationen*, z.B. zu den Themen Kontinentalverschiebung, Dünenverformung, Erde/Erdbahn/Jahreszeiten, Landnutzung, Strandversatz/Ausgleichsküsten, Meeresspiegelanstieg.

Simulationen zu Klimaeinflüssen: ESPERE

▶ URL: www.espere.de

Auf den Internetseiten von ESPERE (Environmental Sciences Published for Everybody Round the Earth) wird das Themenfeld „Klimaeinflüsse und Klimawandel" in einzelnen Themenblöcken aus Sicht der Fachwissenschaftler dargestellt. Ergänzend werden auf zwei Anspruchniveaus fachdidaktisch aufbereitete Seiten (Arbeitsblätter mit Simulationen und Animationen) für den Unterricht angeboten. Die Materialien sind in verschiedenen Sprachen vorhanden, sodass sie sich auch für den bilingualen Unterricht eignen. Die Enzyklopädie umfasst Angebote zu folgenden Themenblöcken: Untere Atmosphäre, Obere Atmosphäre, Wetter, Wolken und Partikel, Klima in Städten, Ozeane, Landwirtschaft, Menschen verändern das Klima.

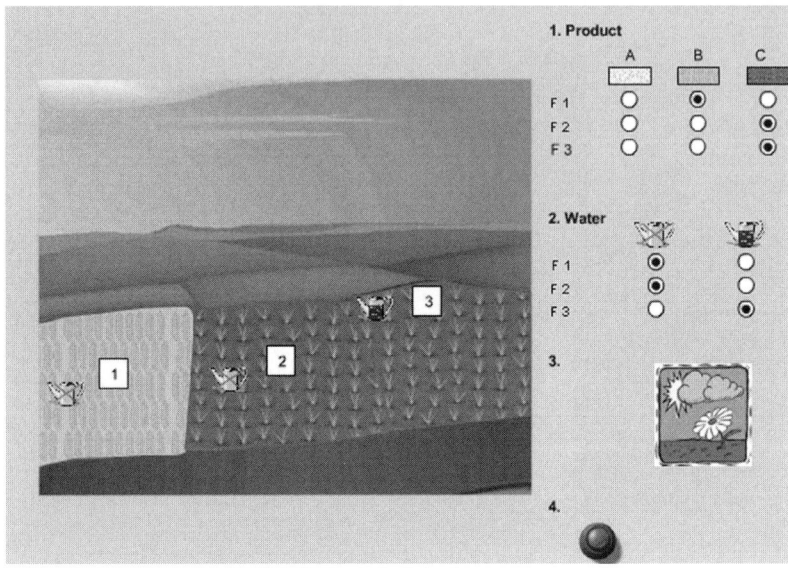

Simulation: Landwirtschaft – künstliche Bewässerung (www.espere.de)

Simulation: Klima und Landwirtschaft

Navigation: Klimaenzyklopädie – Landwirtschaft/Basis – Pflanzen und Klima – Arbeitsblatt 3

Die Internetseiten zum Thema Landwirtschaft verdeutlichen, wie das Klima mit den Pflanzen und den Systemen zur Erzeugung von Lebensmitteln auf der Welt im Zusammenhang steht und wie Klimaänderungen sich auf die Nahrungsmittelproduktion auswirken können.

Simulation: Kalt- und Warmfronten

Navigation: Klimaenzyklopädie – Wetter/Basis – Arbeitsblatt 1 (und 3), Themenschwerpunkt: Warm- und Kaltfront

Das Thema Wetter wird auf der Internetseite von ESPERE besonders intensiv aufbereitet. Die fachwissenschaftlichen Informationen befassen sich mit den Themen Wetter und Klima, Hochdruck und Tiefdruck, Fronten, Kreisläufe und Windsysteme (lokal und global, z.B. El Niño), Bauernregeln sowie der Wettervorhersage, Überschwemmungen, Gewitter und Biometeorologie.

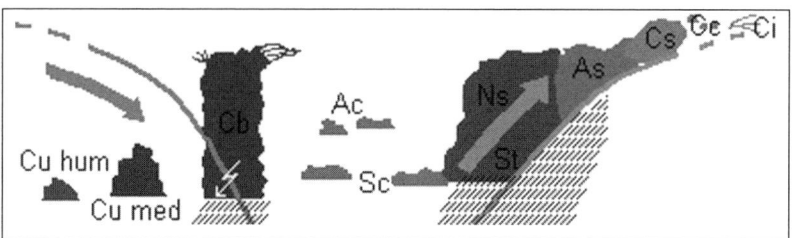

Simulation: Durchzug Zyklone (www.espere.de)

Simulation: Zyklone

Navigation: Klimaenzyklopädie – Wetter/Mehr – Überschwemmungen und Gewitter – Arbeitsblatt 1

Sturzfluten, Sturmfluten und Überschwemmungen durch Flüsse sind ein weiterer Gegenstand der Seiten zum Wetter. Beim Thema „Fluten und Gewitter" werden u.a. die Schritte der Wetteränderungen beim Durchzug einer Zyklone verdeutlicht.

Simulationsprogramm Mobility

▶ URL: www.mobility-online.de

Mit diesem optisch einfachen, aber sehr gut durchdachten Simulationsprogramm kann eine virtuelle Stadt geplant und verwaltet werden – von der Erschließung von Baugrundstücken über den Aufbau eines öffentlichen Verkehrsnetzes bis hin zur Förderung von Wissenschaft und Forschung und der Festlegung von Steuersätzen. Die Benutzer erhalten so Einblick in wirtschaftliche, raumplanerische und ökologische Zusammenhänge. Das Spiel erfordert überlegte Entscheidungen beim Bau und der Erweiterung der virtuellen Stadt, um ein langfristiges Wachstum unter lebenswerten Umweltbedingungen zu sichern.

Es eignet sich in der Sekundarstufe II sehr gut für den Einsatz beim Thema „Städtische Räume" (je nach Lehrplan auch in der Sekundarstufe I). Ergänzend werden hilfreiche Unterrichtsmaterialien für Einzelstunden oder mehrstündige Einheiten angeboten.

Das Programm steht als kostenloses Download-Angebot zur Verfügung und ist auch auf älteren Schulrechnern lauffähig.

Stadt-Simulationsprogramm Mobility (www.mobility-online.de)

Für die Einarbeitung in das Programm reicht eine Stunde, zum Erkennen und Analysieren der städteplanerischen Zusammenhänge sind jedoch mindestens drei weitere Unterrichtsstunden erforderlich.

YS und KJ

5.2 Virtuelle Exkursionen

Es gibt mittlerweile einige interessante Angebote für den Geographieunterricht, die tatsächlich den Anspruch einer „virtuellen Exkursion" erfüllen. Aber lassen Sie sich nicht von der Fülle der Angebote täuschen, manchmal ist die angebotene „virtuelle Exkursion" nicht viel mehr als ein digitales Bilderbuch mit Text. Analysieren Sie die Angebote – und ergänzen Sie diese ggf. durch Arbeitsanweisungen, die auch auf einer „echten" Arbeitsexkursion Anwendung finden. Wünschenswert sind folgende Bausteine:

- Ermittlung von Vorwissen: Einstiegsfragen mit interaktivem Feedback
- Interaktivität: Quiz, Zuordnungsaufgaben
- Materialvielfalt und Multimedia: Gibt es neben Text und Bild weitere Materialien wie Geräusche, virtuelle 3D-Landschaften, Kurzfilme?

Die folgenden Arbeitsaufträge für virtuelle Exkursionen können helfen, entsprechende Angebote zu bewerten oder sie mit eigenen Ideen zu erweitern:

Arbeitsauftrag

Räumliche Orientierung
1. Verorte die Standorte des Fotografen (Aufnahmeorte der Bilder) auf einer Karte.
2. Wie weit ist diese Exkursionsroute von deinem Heimatort entfernt? (Ermittle die Entfernung mit einem Routenplaner oder einer Karte und Maßstab.)

Standortarbeit
1. Betrachte die Detail- und Panoramaaufnahmen. Welche Beobachtung machst du? Was fällt dir auf (z. B. Probleme, Außergewöhnliches, Nutzungskonflikte, Veränderungen)?
2. Experteninterview: Hast du Fragen zum Standort? Vielleicht kennst du jemanden, der schon dort war. Manchmal ist im Internet auch ein Ansprechpartner (E-Mail-Adresse) genannt. Nimm mit der Person Kontakt auf – vielleicht hat sie Hinweise für dich, wie du deine Fragen lösen kannst.

Lernzielkontrolle
Gibt es am Ende der Exkursion eine Möglichkeit (z. B. ein Quiz), das neu Gelernte noch einmal zu wiederholen? Falls nicht, entwickle selbst ein solches Quiz und lass es deine Mitschüler lösen.

Beispiel Darß – Boddenausgleichsküste

▶ URL: www.webgeo.de
Navigation: WEBGEO regional – Darß – Virtuelle Exkursion Darß

Dieses Angebot einer „Guided Tour" mit acht Standorten (→ Abb. S. 144) bietet alle wünschenswerten Merkmale einer virtueller Exkursion: räumliche Orientierung, Standortarbeit, Lernzielkontrolle, Ermittlung von Vorwissen, Interaktivität, Materialvielfalt und Multimedia.

Themenschwerpunkte:
- Küstendynamik
- Morphogenese an Boddenausgleichsküsten

Verwendungsmöglichkeiten:
- Vor- oder Nachbereitung einer realen Exkursion auf den Darß
- Wissen aus den Lernmodulen von WEBGEO festigen und erweitern
- Kennenlernen eines einzigartigen Naturraums in Norddeutschland (virtuelle Exkursion)

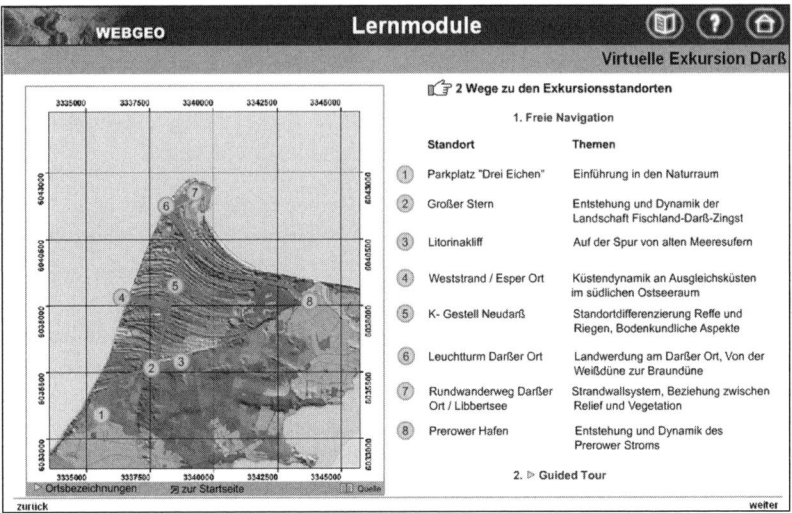

Virtuelle Exkursion Darß (www.webgeo.de)

Beispiel Stromboli und Vulcano – Vulkanismus

▶ URL: www.swisseduc.ch/stromboli/index-de.html

Navigation: Stromboli – Virtuelle Exkursion auf Stromboli

Bei dieser virtuellen Exkursion können die „Besucher" beispielsweise selbst die Flugrichtung der vulkanischen Bomben bestimmen und beobachten, welche Gebiete besonders gefährdet sind. Eine Auswertung zeigt auch, warum die Siedlungen Ginostra und Stromboli relativ sicher sind.

Themenschwerpunkte:
- Vulkanismus
- Siedlungsgeographie
- Vulkan-Tourismus

Verwendungsmöglichkeiten:
- Kennzeichen von Inseln vulkanischen Ursprungs: Stromboli und Vulcano
- Vegetationsstufen im Gelände erkennen
- Simulation: Bombenflug
- Auswahl von Siedlungsstandorten (Ginostra und Stromboli auf Stromboli)

Virtuelle Wanderung von Ginostra aus (www.swisseduc.ch)

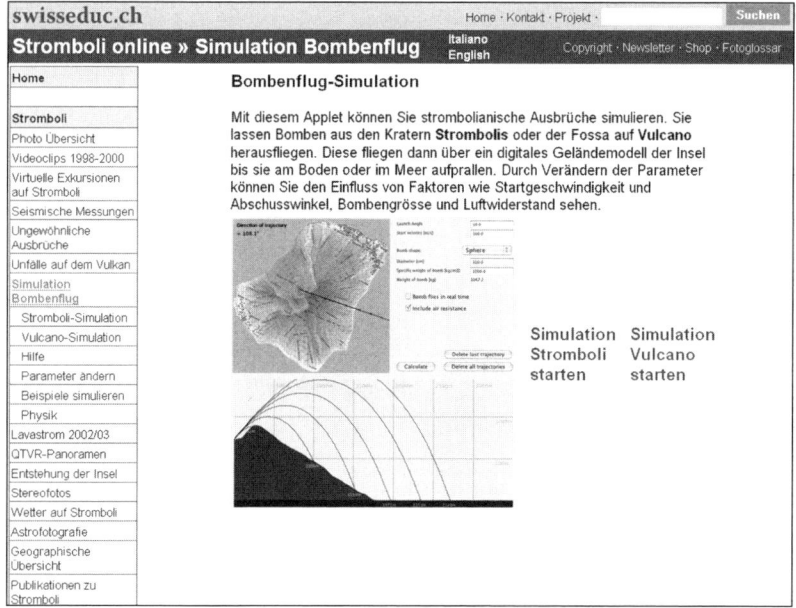

Simulation des Bombenflugs aus dem Krater (www.swisseduc.ch)

Beispiel Morteratsch-Gletscher

▶ URL: www.swisseduc.ch/glaciers/morteratsch/virtual/index-de.html
Navigation: Morteratsch-Gletscher – QTVR-Panoramen

Themenschwerpunkte:
- Gletscherentstehung, Veränderung durch Klimawandel
- Mittelmoränen, Seitenmoränen, Gletscherrückzug
- Talgletscher, Gletschertische
- Gletschertor, Ufermoränen, Querspalten, Gletscherbett
- Zehrgebiet, Nährgebiet, Ablationsgebiet, Foliation

Verwendungsmöglichkeiten: Einmalig an der Website ist die Möglichkeit, im 360°-Winkel die Panoramaansicht an zwölf Standorten auf dem Gletscher zu genießen und so echte Standortarbeit mit Beobachtungsaufträgen durchzuführen.
Möglicher Arbeitsauftrag: Drehe dich um 360° und erkunde den Gletscher. Wo erkennst du die Theorie zur Glazialmorphologie in der Realität wieder?

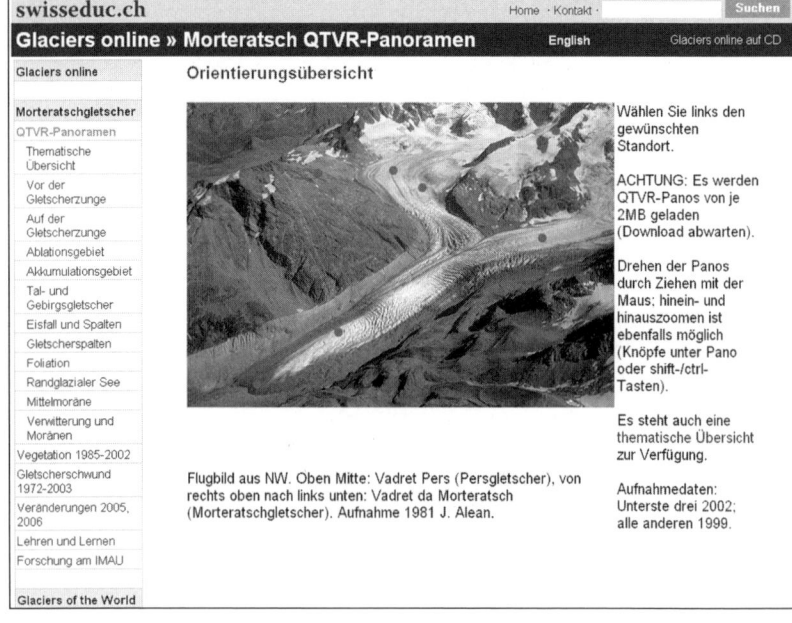

Morteratsch-Gletscher (www.swisseduc.ch)

Beispiel Goitzsche/Bitterfeld – Bergbau-Folgelandschaften

▷ URL: http://mars.geographie.uni-halle.de/ve_db/viewtheme.php
Navigation: Untersuchungsgebiet: Bitterfeld/Goitzsche – Modulname: Virtuelle Exkursion in den Naturraum Goitzsche

Themenfelder:
- Fernerkundung
- Landschaftswandel: Bergbau-Folgelandschaften
- Rekultivierung und Nachnutzung einer Landschaft

Verwendungsmöglichkeiten:
- Vor- und Nachbereitung einer realen Exkursion
- Kennenlernen des anthropogen geprägten Naturraums Goitzsche

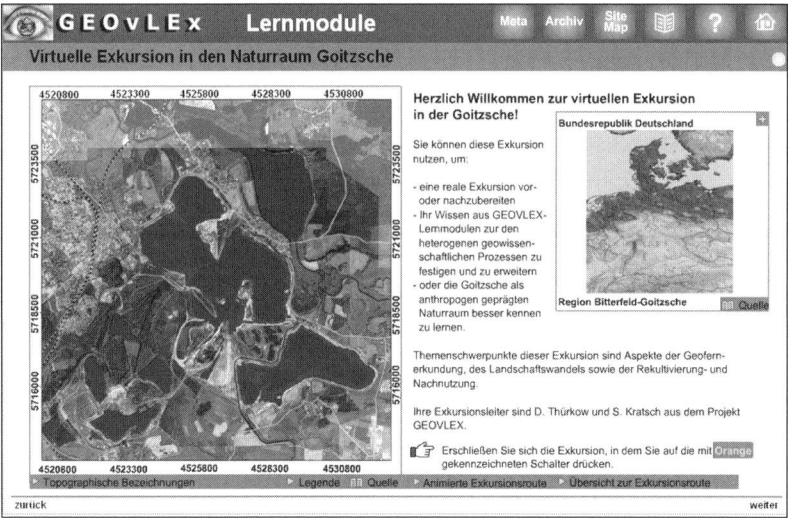

Bergbau-Folgelandschaft (http://mars.geographie.uni-halle.de)

YS

5.3 Satellitenbilder und Karten im Web

Heute gibt es im Internet ein großes Angebot an Satellitenbildern und thematischen Karten, mit denen geographische Erkundungen möglich sind.

Google Earth

▶ URL: http://earth.google.com/

Google Earth bietet online Satellitenbilder von weiten Teilen der Erde mit größtenteils sehr guter Auflösung. Viele Bilder können auch um weitere geographische Informationen ergänzt werden, die aktuelle Position des Cursors wird am unteren Bildrand in Längen- und Breitengraden angezeigt. Zahlreiche „Google Earth Communities" bieten zudem direkt anklickbare Hintergrundinformationen (durch ein kleines „i" markiert) zu einzelnen Geo-Objekten oder Gebieten.

Berlin Mitte mit Google Earth (http://earth.google.com)

Die Basisversion von Google Earth ist kostenlos, weitere Versionen sind kostenpflichtig. In der Version Plus können zudem Daten aus GPS-Geräten (nur Garmin und Magellan) ausgelesen und in den Bildern von Google Earth dargestellt werden. Die Version Pro schließlich weist neben einer erweiterten 3D-Darstellung auch GIS-ähnliche Funktionalitäten auf.

Da die Nutzung von Google Earth auf dem PC die Installation eines Plugins erfordert, ist diese an manchen Schulen unter Umständen nur mit Hilfe des Netzwerk-Administrators möglich.

Virtuelle Flüge mit Google Earth

▶ URL: http://earth.google.com/

Mit Google Earth können auch virtuelle Flüge unternommen werden. Zunächst wird ein Flughafen ausgewählt, dort begibt man sich auf der Startbahn in Startposition. Dann wird der Bildausschnitt so geschwenkt, dass nicht mehr das Luftbild des Flughafens, sondern die Start- und Lande-

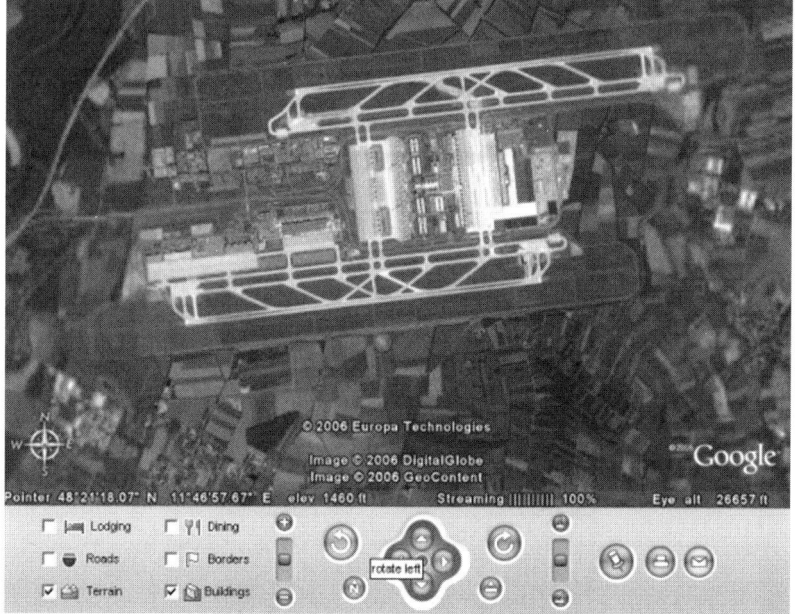

Startbahn des Flughafens München mit Google Earth

bahn zu sehen ist (Funktion: Tilt up/down). Jetzt kann man z.B. von München aus im Sichtflug über die Alpen nach Mailand fliegen und auf dem Flughafen Malpensa oder Linate landen. Ein Atlas kann bei der Navigation über die Alpen hilfreich sein. (Hinweis: Das Inntal beachten!)

Google Map

▶ URL: http://maps.google.com/

Google Map bietet kostenlos thematische Karten (hauptsächlich Verkehrswege und -anbindungen), ist aber außerhalb der USA und Kanadas noch nicht flächendeckend oder nur in geringerer Auflösung verfügbar. Die Karten können zusätzlich mit Satellitenbildern gekoppelt werden. Für die Darstellung am PC ist keine weitere Installation von Software notwendig, da es sich um eine rein webbasierte Anwendung handelt. Zum Schutz seiner Urheberrechte hat Google alle Satellitenbilder dieser Anwendung flächig mit sichtbaren Namenszügen versehen, was eine schulische Nutzung der Daten eventuell behindert.

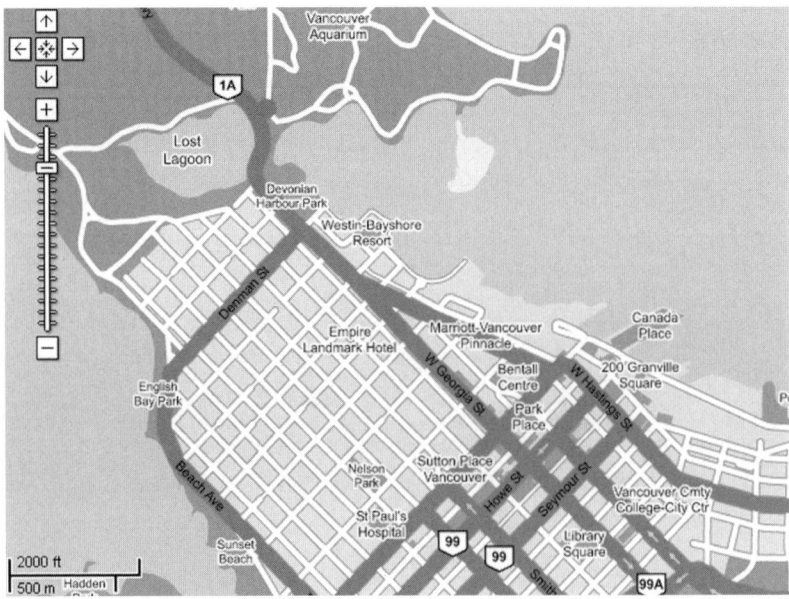

Google Map: Stadtzentrum von Vancouver, Kanada (http://maps.google.com)

YS und KJ

5.4 WebGIS-Angebote

Erste Schritte der Arbeit mit Geographischen Informationssystemen (GIS) können im Unterricht mit kostenlosen webbasierten Angeboten durchgeführt werden. Die Schüler lernen damit die wichtigsten Abfragefunktionen von GIS kennen und stoßen auch auf interessante geographische Fragestellungen.
Hier einige Beispiele:

Nationalatlas USA

▶ URL: www.nationalatlas.gov/natlas/Natlasstart.asp
Der englischsprachige Nationalatlas macht vielfältige geographische Informationen über die Vereinigten Staaten von Amerika zugänglich.

Themenfelder:
- Basiskarten: Städte, Counties, Längen- und Breitengrade, Straßen, Flüsse …
- Landwirtschaft: Getreide, Farmen, Vieh, Bewirtschaftung …
- Biologie: Verbreitung verschiedener Arten
- Grenzen: Counties, Indianerreservate, Zeitzonen …
- Klima: Niederschläge, klimatische bedingte Naturkatastrophen
- Umwelt: Schadstoffausstoß …
- Geologie: Kohlelagerstätten, Erdbeben, Erdrutsche …
- Geschichte: Präsidentschaftswahlen …
- Menschen: Einkommen, Arbeitslosigkeit, Verbrechen, Energieverbrauch, Gesundheit, Bevölkerungsentwicklung …
- Transport: Flughäfen, Straßen, Eisenbahnlinien
- Wasser: Verunreinigungen, Dämme, Flusssysteme …

Dieses Angebot ermöglicht es Schülern, selbst „Auffälligkeiten" zu entdecken und Fragestellungen nachzugehen.

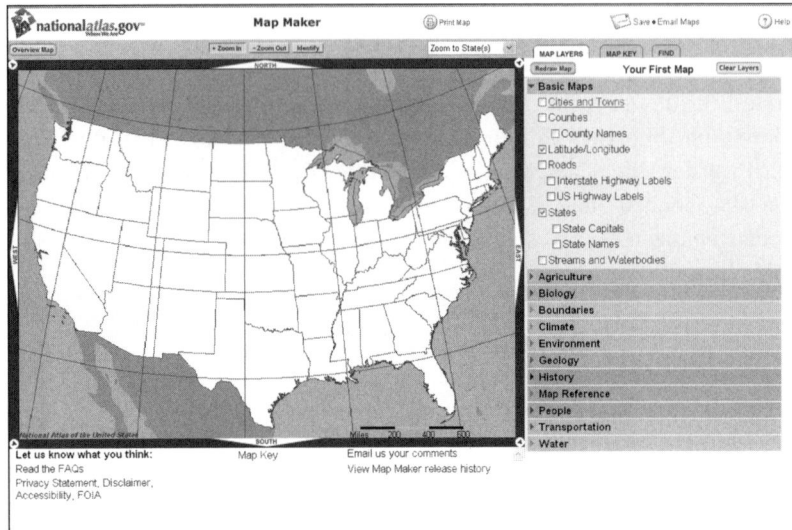

Startseite des National Atlas of the United States (www.nationalatlas.gov)

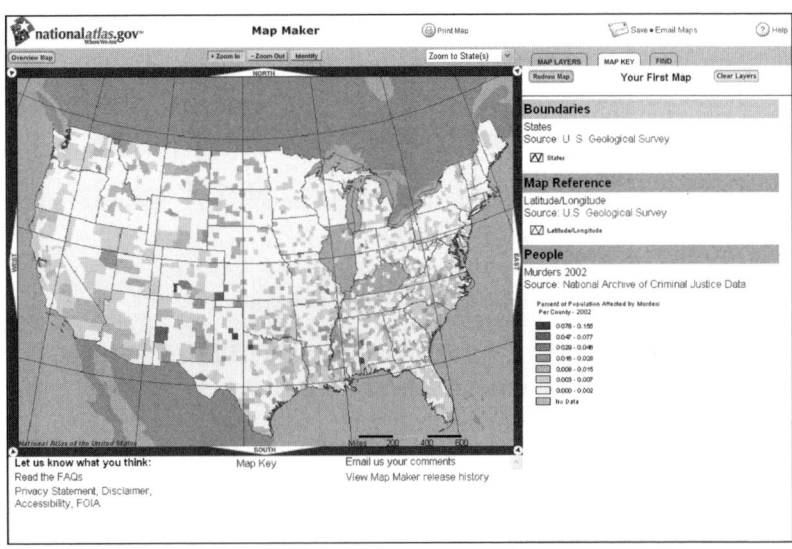

Morde in den USA im Jahr 2002 (National Atlas USA)

Beispiel: Verbrechen in den USA

Navigation: National Atlas USA – Rubrik *People* – Auswahl *Crime* –
Die dunklen Farbflächen zeigen Gebiete (Counties), in denen im Jahr 2002
besonders viele Morde stattfanden.

Mögliche Fragestellung: Was könnten die Ursachen für die Häufungen von
Mordfällen in Alaska und New Mexico sein?

Die Beantwortung der geographischen Fragen schließt sich an. (Weitere
Informationen zum Nationalatlas USA s. SCHÄFER 2005, S. 22–25.)

Human Development Index (HDI) und regionale Disparitäten

▷ URL: http://gis.sn.schule.de/website/Erde/viewer.htm

Der Human Development Index (HDI) wird von der UNO als ein Maß für
den Entwicklungsstand eines Landes mit mehr als einer Million Einwohnern ermittelt. Neben den wirtschaftlichen werden auch soziale Aspekte
berücksichtigt. Lebenserwartung, Alphabetisierung und Kaufkraft werden
auf einer Skala von 0 bis 1 angegeben. Der niedrigste Wert ist 0, der wün-
schenswerteste 1. Der Mittelwert aus den drei Indikatoren ergibt den HDI
(vgl. http://gis.sn.schule.de/glossar.htm).

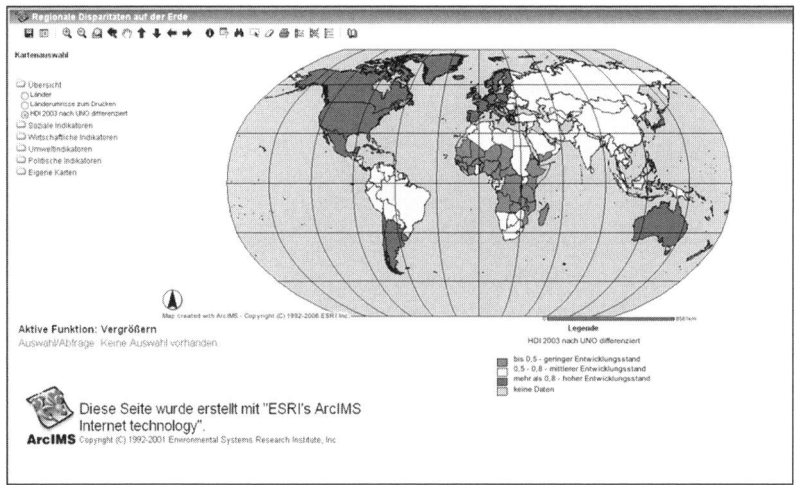

HDI 2003 nach UNO differenziert (http://gis.sn.schule.de/website/Erde/viewer.htm)

Folgende Karten sind über das sächsische WebGIS-Angebot (http://gis.sn. schule.de) verfügbar:

● Überblick: Länderumrisse zum Drucken, HDI 2003

● Soziale Indikatoren: Bevölkerungsdichte, Lebenserwartung, Anteil unter 15-Jährige, Bevölkerungswachstum bis 2015, Fertilitätsrate, Säuglingssterblichkeit, Bevölkerung mit Trinkwasserzugang, HIV-Infizierte, Handys pro 1000 Haushalte.

Spatial Commander

▶ URL: www.gdv-mapbuilder.de/sc_down.html

Dieses kostenlose GIS-Tool der Gesellschaft für geographische Datenverarbeitung (GDV) erlaubt nicht nur ein Betrachten der weit verbreiteten ESRI Shapefiles, sondern auch das Editieren von GIS-Daten und ist damit eine Alternative zu kostenpflichtigen Geographischen Informationssystemen.

Die Programmoberfläche ist übersichtlich gestaltet, alle Themen sind in Ebenen angeordnet, die sich auch verschieben lassen, um eine einwandfreie Darstellung zu gewährleisten. Während der Arbeit wird jeweils die aktuelle Position der Maus nach Länge und Breite angezeigt. Im Editier-

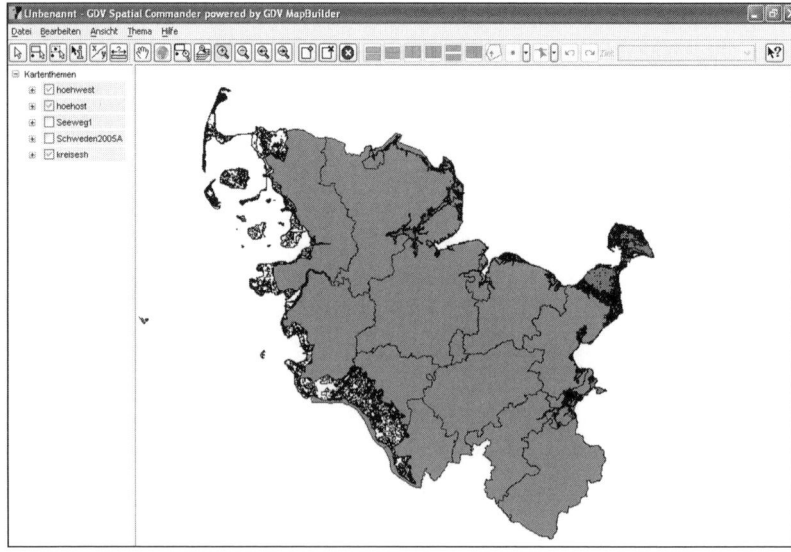

GIS-Tool Spatial Commander (www.gdv-mapbuilder.de)

modus lassen sich Flächen erzeugen, teilen oder zusammenführen. Auch Linien können angelegt und gespeichert werden (z. B. als Verbindung zwischen erhobenen Wegpunkten). Die Attributtabellen der importierten Shapefiles sind im Editiermodus frei erweiterbar.

YS und KJ

5.5 E-Learning-Projekte mit Partnerteams

E-Learning (computergestütztes Lernen) und Blended-Learning (eine Kombination von E-Learning und Präsenzunterricht) sind die neuen Begriffe beim Unterricht mit digitalen Medien. Die Idee dabei ist, zeit- und ortsunabhängiges Lernen zu fördern.

An Projekten mit Partnerteams aus anderen Ländern hat die Geographie ein besonderes Interesse: Mit Menschen aus fernen Regionen Kontakt aufzunehmen und direkt über Meinungen, Einstellungen und Empfindungen zu diskutieren, kann einen „Mehrwert" zum bisherigen Unterricht bieten. Hauptproblem ist aber die Frage: Wo auf der Welt finde ich eine Partnerschule/-klasse, die Interesse hat, gemeinsam ein Thema des Geographieunterrichts zu diskutieren.

Hier einige Kontaktadressen, über die Sie Partnerteams finden können:

- www.eTwinning.net
  Portal zur Vermittlung von Partnerschulen im In- und Ausland
- www1.dasan.de/j//auslandsschulen/inhalt/schuladressen.htm
  Deutsche Auslandsschulen weltweit: Gruppierung: Amerika, Asien, Australien, Europa
- www.eursc.org/SE/htmlDe/IndexDe_home.html
  Europäische Schulen: u. a. Bergen, Brüssel, Culham, Luxemburg, Mol, Varese

Checkliste: E-Learning mit Partnerteams

Die Durchführung von E-Learning mit Partnerteams folgt einem strukturierten Ablaufplan:

Thema und Projektpartner: geeigneten Projektpartner (deutschsprachig oder fremdsprachig) finden, kontroverse Thematik (z. B. Nutzung der Arktis, Flughafenausbau, Kernenergie) auswählen, Fachinformationen (Printform oder digital) beiden Gruppen zur Verfügung stellen.

Fachliche Vorkenntnisse aufbauen: herkömmlicher Unterricht zum Erwerb von Basiskenntnissen, Qualifizierungstest als Voraussetzung zur Teilnahme, Training fremdsprachiger Fachbegriffe (z. B. in Kooperation mit dem Fremdsprachenunterricht).

Vorbereitung der Schüler auf das E-Learning-Projekt: Ziel des Projekts (geographische Inhalte, Teamarbeit, Diskussionskultur, bilinguales/interkulturelles Lernen ...), Zeitplan, Anforderungen, Aufgaben und Regeln, Gruppenbildung entsprechend den Anforderungen (Strategien, Kreativität, fachliches und technisches Know-how), Gruppensprecher als Verantwortlichen und Ansprechpartner festlegen, Dokumentation der Arbeit (Portfolio, Lerntagebuch), Beurteilungskriterien (Benotung).

Kennenlernen des Projektpartners: Gruppen-Kontaktaufnahme (Teilnehmersteckbrief mit Foto per E-Mail-Austausch oder Projekt-Homepage), Besonderheiten der Kultur, Ziele der Klassen offenlegen.

Zeitplanung und Aufgabenstellungen im Projekt: Abwechslung beim Materialangebot und den Aufgabenstellungen gewährleisten; Arbeitsplan (Wann müssen welche Ziele erreicht sein?), konkrete Arbeitsanweisungen und Zeitplan mit dem Projektpartner absprechen (parallele Bearbeitung anstreben); Zwischenbilanz zur „Halbzeit" des Projekts.

Projektdurchführung – inhaltliche Arbeit (in Lektionen, Modulen, Arbeitsphasen): Erläuterung der Technik und des Teilpensums je Sitzung (Lehrkraft), Rückfragen der Gruppen, Arbeit der Gruppen, Besuch der Gruppen (Lehrkraft), Reflexion im Klassenverband nach der ersten Arbeitsphase mit Austausch über Probleme, Auffälligkeiten, Feedback an die Partnergruppe (Lehrkraft).

Probleme lösen: Technik, Raumbelegung, veränderte Gruppenzusammensetzung, unterschiedliches Arbeitstempo, fachliches Verständnis.

Benotung der Projektarbeit: Bewertungskriterien vorab offenlegen.

Abschluss des Projekts: gemeinsame Reflexion, Teamleiter-Reflexion, Feedback an Partnerteams; Bewertung der Leistung durch einzelne Teilnehmer, Teamleiter und Lehrperson: Beiträge (Inhalte, wechselseitiges Eingehen auf Beiträge), Verhalten im Team etc.

E-Learning-Projekte mit dem Online Center for Global Geography Education

▶ URL: www.aag.org/Education/center/cgge-aag%20site/index.html

Das amerikanische Online Center for Global Geography Education bietet drei E-Learning-Module für die Arbeit mit Partnergruppen aus anderen Ländern zu den Themen Population, Global Economy und Nationalism. Die Module sind in englischer und spanischer Sprache verfügbar. Mit der Behandlung der genannten Themen ermöglicht das Online-Center selbstgesteuertes und kooperatives Lernen. Durch die Sprachauswahl und die Zusammenarbeit mit Partnergruppen aus anderen Ländern wird außerdem bilinguales sowie inter- und transkulturelles Lernen praktiziert.

Das Angebot kann direkt über die Website des Online Centers genutzt oder als Download in eine eigene Lernplattform (z.B. Blackboard) integriert werden.

Aufbau der E-Learning-Module

Die Module sind in drei bis vier Lektionen unterteilt, in denen Basiswissen wiederholt und Fachwissen aufgebaut wird. Im Anschluss können Einstellungen und Fragen von globaler Relevanz diskutiert werden (Online-Collaboration).

Die einzelnen Lektionen sind gegliedert in Präsenzphasen am PC, Freiarbeitsphasen und Teamarbeitsphasen mit der Abfolge:

- fachliche Basisinhalte (z.B. Globalisierung am Beispiel der weltweiten Textilproduktion),
- Gruppenarbeitsaufträge (z.B. Recherche zur Globalisierung: Aus welchen Ländern stammen deine eigenen Schuhe und Kleidungsstücke?),
- Teamdiskussionen (z.B. Vergleich der Arbeitsbedingungen von Näherinnen in Europa/USA und Mittelamerika/Südostasien).

Zeitrahmen

Die Teile einer Lektion sollten innerhalb einer Woche bearbeitet werden, wobei auch auf die Ergebnisse der Gruppendiskussion des ausländischen Partners mehrfach reagiert werden sollte, sodass ein echter Austausch stattfindet. Für ein Modul müssen bei 90 Minuten Präsenzunterricht pro Woche fünf bis sechs Wochen veranschlagt werden. Die Module eignen sich aber auch für ein Wochenprojekt mit je 90 Minuten Präsenzphase pro Tag.

Startseite des Online Center for Global Geography Education
(www.aag.org/Education/center/cgge-aag%20site)

Inhaltlicher Aufbau der Module

1. Global Economy

Lesson 1 – What is the Global Economy?
Lesson 2 – How does trade shape the global economy?
Lesson 3 – Why are multinational corporations important in the global economy?
Lesson 4 – What is the future of the global economy?

2. Population

Lesson 1 – Where in the world is the human population changing?
Lesson 2 – How is population change linked to economic development?
Lesson 3 – How does the social status and education of women affect a country's population?
Lesson 4 – How can countries work together to solve problems related to population and resources?

3. Nationalism

Lesson 1 – How are symbols used to represent a nation?
Lesson 2 – What are the differences between ethnic groups, nations, and states?
Lesson 3 – How does nationalism bind people together?
Lesson 4 – Where has nationalism contributed to political change?

Geeignete Projektpartner finden

Ziel des Online-Centers ist die Förderung des Austausches zwischen Jugendlichen verschiedener Staaten. Es bietet sich an, gemeinsam mit Partnerteams aus anderen Ländern, die möglicherweise auch in ganz anderer Weise von der Bevölkerungsentwicklung, dem Welthandel und der Globalisierung oder nationalem Bewusstsein betroffen sind, ein Modul zu bearbeiten und kooperatives Lernen zu praktizieren.

Zur Vermittlung der Partnerteams kann eine Anfrage an die AAG (Association of American Geographers) über die Website des Online-Centers gerichtet werden. Das Partnerteam kann aber auch über vorhandene Kontakte zu Partnerschulen im Ausland, über eigene Kontaktaufnahme zu internationalen Schulen und deutschsprachigen Auslandsschulen oder über Vermittlungsstellen (z.B. E-Twinning, → S.155) gefunden werden. Alternativ können die Materialien aber auch nur innerhalb der eigenen Klasse genutzt werden.

YS

5.6 Unterrichts-Software auf CD-ROM und im Internet

Das Angebot an Softwareprodukten für den Geographieunterricht ist vielfältig. Wir stellen hier einige Programme vor, die wir selbst im Unterricht einsetzen, und verweisen außerdem auf eine Auswahl von Serviceseiten im Internet, wo Fachkollegen Software vorstellen und Einsatzmöglichkeiten diskutieren:

- http://erdkunde.bildung-rp.de/index.htm (Erdkundeseite des Bildungsservers Rheinland-Pfalz, Landesmedienzentrum) unter: Software
- www.lehrer-online.de (Schulen ans Netz e.V.) unter: Sekundarstufe/Naturwissenschaften/Geographie
- www.eduhi.at (education highway, Österreich) unter: Kategorien/ Fachgebiete/Geographie/Unterrichtssoftware/Software-Homepages

W-Fragen zum Softwareeinsatz

Welche Software wird angeboten?
Enzyklopädie, Nachschlagewerk, Mischform, Lernprogramm, Übungsprogramm, an ein Lehrbuch gebundenes Programm, Sonstiges

Wo kann ich die Software einsetzen?
Klassenstufe, Phase in der Unterrichtssequenz

Was will ich mit der Software erreichen?
Fachspezifische Ziele, klassenspezifische Ziele, methodische Ziele, Medienkompetenz, Sonstiges

Welche Arbeitsphase ist für den Softwareeinsatz geeignet?
Einführung, Erarbeitung, Vertiefung, Übung, Lernkontrolle

Worin besteht der Mehrwert für meinen Unterricht?
Leichteres Verständnis von Zusammenhängen, Attraktivität, Effektivität, medienpädagogischer Nutzen, Sonstiges

Welche Unterrichtsform ist mit der Software möglich?
Einzelarbeit, Partner- bzw. Kleingruppenarbeit, Lernzirkel, Lehrerpräsentation

(verändert nach Rapp 2004, S. 42–43)

System Erde

Cover der CD-ROM „System Erde"

Als kostenlose CD-ROM erhältlich sind Unterrichtsmaterialien, die im Projekt „System Erde" (gefördert vom Bundesministerium für Bildung und Forschung) für fächerübergreifende Themen der Sekundarstufe II erarbeitet wurden, vor allem zu Chemie, Biologie und Physik. (Bezug der CD-ROM über das IPN Kiel).

Themenfelder:

- System Erde – Die Grundlagen
- Chemie und Physik der Atmosphäre
- Gesteinskreislauf: Gesteine als Dokumente der Erdgeschichte
- Erdbeben und Wellen: Nachrichten über das Innere der Erde
- Plattentektonik und Vulkanismus
- Wasserkreislauf und Trinkwasserschutz
- Konvektion in Erdmantel, Ozean und Atmosphäre
- Entstehung und Entwicklung des Lebens
- Kohlenstoffkreislauf
- Klimasystem und Klimageschichte
- Rohstoffe und Recycling

Informationen zu diesem Projekt und weitere Kontaktadressen enthält die Internetseite: http://systemerde.ipn.uni-kiel.de.

Xenophilia

Interkulturelles Lernen heißt auch, über andere Sitten, Gebräuche und Gewohnheiten informiert zu sein, bevor man über ungewöhnliche Beobachtungen urteilt. Die CD-ROM „Xenophilia (Fremdenfeindlichkeit) – das in-

terkulturelle Spiel über dich und andere" bietet dazu viele Möglichkeiten (100 Quizfragen) und wurde 2002 und 2003 mit dem Comenius-Siegel ausgezeichnet. Nähere Informationen unter www.xenophilia.de.

Die CD-ROM eignet sich für den Unterricht ab Klasse 5 und kann im Fachunterricht wie auch in Vertretungsstunden spontan eingesetzt werden. Für die Bearbeitung beider Teile benötigt man etwa zwei Stunden.

Cover der CD-ROM „Xenophilia game"

Teil 1: Fremd sein im Ausland
(Erdregionen: Europa, Amerika, Afrika und Naher Osten, Ferner Osten)
Auf einer Weltreise erleben die Spieler ungewohnte Situationen und müssen spannende Fragen zu Ländern und Bewohnern beantworten. Ziel ist das Zurechtfinden in Ländern mit anderen Traditionen und Religionen und der verständnisvolle Umgang mit Einheimischen.

Teil 2: Fremd sein in Deutschland
(Themen: Alltag und Sprache, Staatsangehörigkeit, Vorurteile, Migration)
In diesem Teil geht es um Probleme von Menschen ausländischer Herkunft und um Probleme beim Umgang mit ausländischen Mitbürgern.

Mission Blue Planet – Das Klima-Quiz

▶ URL: www.mission-blue-planet.de

Dieses Online-Angebot eignet sich ab Klasse 6 sowohl zur Wiederholung als auch zur Erarbeitung neuer Themen rund um den „Blauen Planeten" (z.B. Klimawandel, Wetter, Energie). Es kann in Einzel-, Partner- und Gruppenarbeit, aber auch in einer beamerunterstützten Lehrerpräsentation eingesetzt werden. Das Programm lässt sich äußerst flexibel verwenden, da der Schwierigkeitsgrad frei wählbar ist. Möglich ist auch ein Wettstreit zwischen Schülergruppen.

Die ansprechende Benutzeroberfläche wirkt sehr motivierend, ebenso die einfache Handhabung. Falls dennoch Probleme auftreten, gibt es eine Stimme, die den Benutzer bei Bedarf begleitet und auch Antworten kommentiert.

Weitere Informationen rund um das Thema „Der Blaue Planet" finden sich unter www. klima-sucht-schutz.de.

Mission Blue Planet – Das Klima-Quiz

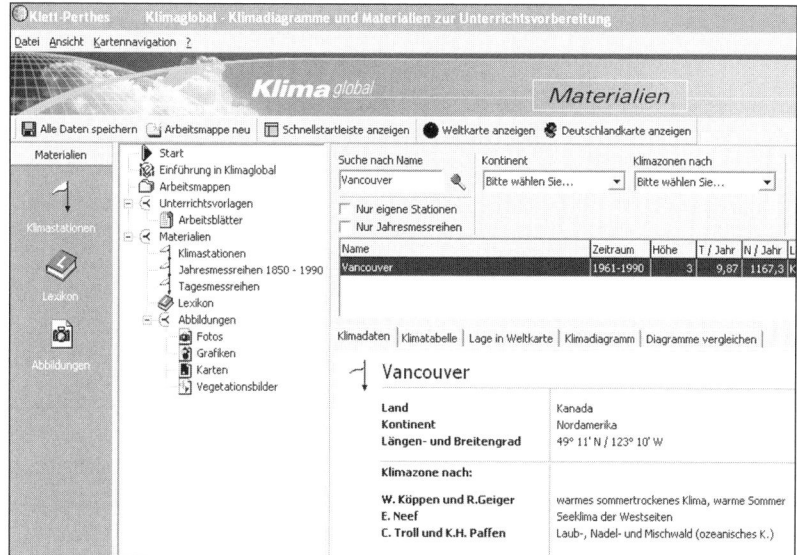

CD-ROM Klimaglobal: Benutzeroberfläche mit Anzeige einer Klimastation
(hier: Vancouver, British Columbia)

Klimaglobal

Diese umfangreiche CD-ROM des Klett-Verlags zum Thema Wetter und Klima bietet neben rund 1700 Klimastationen auch Klimakarten (nach verschiedenen Klassifikationen), Bilder, Grafiken, Arbeitsblätter und Lösungen sowie Anleitungen für Schülerversuche zum Thema Wetter und Klima. Sowohl Lehrern als auch Schülern kann diese CD-ROM als Arbeitshilfe und Materialquelle nützlich sein. Die enthaltenen Bilder aus verschiedenen Klimazonen eignen sich zudem sehr gut für Stundeneinstiege und Verortungsübungen. Weitere Informationen unter www.klimaglobal.de.

D-Sat

Der Satellitenatlas Deutschlands (D-Sat) von Buhl Data Service bietet ab Version 6 Bilder mit einer Auflösung von 45 Zentimetern bis zu fünf Metern pro Pixel. Auch ein einfacher und frei über Deutschland steuerbarer Flugsimulator ist enthalten. Er kann beispielsweise die Arbeit am Thema Küs-

CD-ROM D-Sat: Benutzeroberfläche (Hansestadt Lübeck mit Unterlauf der Trave)

tenschutz bereichern, da die Software einen eindrucksvollen Flug über die Küstengebiete ermöglicht (s. Küstenschutz in Schleswig-Holstein, → S. 75 ff.). Digitale Satellitenbildauswertungen (vgl. SCHLEICHER 2004, S. 159–187) werden damit noch interessanter und genauer. So lassen sich etwa beim Thema „Disparitäten in Deutschland" Unterschiede in der Größe der landwirtschaftlich genutzten Flächen in West- und Ostdeutschland (bedingt durch die frühere Nutzung durch LPGs) auf den Satellitenbildern sehr gut erkennen. (Bezug über: http://onlineshop.buhl.de/buhl?art=29)

YS und KJ

5.7 GPS im Unterricht

Wenn jemand heute einen Wald sicher durchquert, ohne einen Kompass bei sich zu haben, dann nutzt diese Person vermutlich ein GPS (Global Positioning System). Es besteht aus einem handyähnlichen Empfänger, der Daten von erdnahen Satelliten erhält, die dem US-Verteidigungsministerium gehören und die Erde ständig umkreisen. Ins-

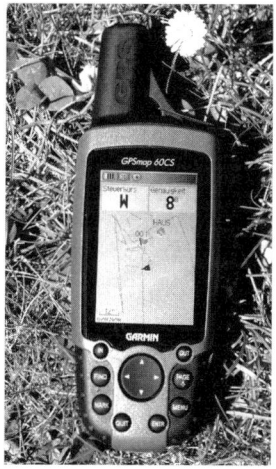

gesamt sind mittlerweile rund 50 GPS-Satelliten in einer Umlaufbahn. GALILEO, das Satelliten-Navigations-System der Europäer, soll ab 2008 betriebsbereit sein und nicht nur die Abhängigkeit von den Amerikanern beenden, sondern auch eine bisher unerreichte Genauigkeit der Positionsbestimmung ermöglichen (http://europa.eu.int/comm/dgs/energy_trans port/galileo/index_en.htm).
Inzwischen gibt es bezahlbare und leicht zu bedienende GPS-Empfänger (z.B. Garmin-Geräte, www.garmin.de), sodass sich diese Technik auch in der Schule, vor allem in der Sekundarstufe II, gut einsetzen lässt. Für einen Kurs mit 15 bis 20 Schülern sollten mindestens zwei bis drei Geräte zur Verfügung stehen.

Garmin GPSmap 60CS – Handempfänger mit Kartenplotter und umfangreicher Ausstattung

Folgende Themenfelder eignen sich für den schulischen Einsatz von GPS-Empfängern:

- Raumplanung (z.B. mögliche Neuerschließung von Gewerbeflächen im Heimatort – Einmessung per GPS; jährliche Rodung und Neuaufforstung forstwirtschaftlicher Flächen)
- Globalisierung (z.B. GPS als Eigentum des amerikanischen Militärs)
- Transport von Gütern (Navigationssysteme als Voraussetzung für einen reibungslosen, weltweiten Just-in-time-Transport, Technik des GPS, Anwendung zur Vermessung von Flächen und Strecken)

Einige Geräte (z. B. Garmin GPSmap 60CS, → Abb. S. 165) verfügen über einen integrierten Farbkartenplotter und erlauben eine Positions- und Pfaddarstellung in Echtzeit auf einer zuvor eingespeicherten Karte. Diese Karten sind jedoch vor allem für Gebiete außerhalb Deutschlands nicht flächendeckend und in ausreichender Genauigkeit verfügbar und zudem sehr teuer. (Günstiger beschaffen lässt sich ein GPS-Empfänger in den USA, z. B. über das Online-Auktionshaus Ebay). Die oftmals mit den Kartenplottern ausgelieferten „Basemaps" haben eher Spielcharakter, denn sie bilden nur Autobahnen, große Flüsse, Grenzen und Meere ab.

PDA mit GPS-Empfänger

Inzwischen sind auch verschiedene PDAs (Personal Digital Assistants) mit eingebautem GPS-Empfänger und Routenplaner erhältlich (→ S. 177 f.). Sie bieten zweifellos für den Geographieunterricht und für Exkursionen viele sinnvolle Anwendungsmöglichkeiten (s. u.). Für GPS-Vermessungen im Gelände sind diese Geräte jedoch aufgrund geringer Akkulaufzeiten und fehlenden Schutzes vor Regen und Erschütterungen nur bedingt geeignet. Zudem sind auf ihnen oftmals persönliche Daten gespeichert (z. B. Adressen oder Noten), die aus Gründen des Datenschutzes keinesfalls Dritten zugänglich gemacht werden dürfen.

GPS und Exkursionen

Aber auch die Vorbereitung, Durchführung und Nachbereitung von Exkursionen und Studienfahrten lässt sich mit GPS-Geräten deutlich vereinfachen und ansprechend gestalten, vor allem wenn man in unbekanntem und unwegsamem Gelände oder auf dem Wasser unterwegs ist. Wegpunkte und Routen lassen sich hervorragend am PC darstellen und auf das GPS-Gerät übertragen. Die alte Geographen-Ausrede nach offenkundigem Verlaufen („Umwege erhöhen die Ortskenntnis!") verliert damit natürlich etwas an Schlagkraft.

Eine Unterrichtseinheit, die in Funktion und Anwendung des GPS sowie in das Thema Navigation einführt, findet sich als frei nutzbares Lernmodul unter www.karsten-jonas.de/gps/index.htm. Anregungen für eine Exkursion in den Müritz-Nationalpark mit GPS-Anwendungs-Beispielen finden sich unter www.karsten-jonas.de/mv/index.htm (s. Lernmodule selbst erstellen, → S. 179 ff.).

Geocaching

Bei Schülern besonders beliebt ist das sogenannte Geocaching, eine Art moderne Schnitzeljagd. Ausgestattet mit einem GPS-Empfänger pro Gruppe und den Koordinaten eines „Schatzes" sucht man Verstecke (Caches). Dabei gibt es verschiedene Arten von Verstecken, z. B. landschaftlich besonders reizvolle oder geographisch interessante Punkte, Verstecke, die nur mit einer speziellen Ausrüstung erreicht werden können, oder Orte, die besonders kinderfreundlich angelegt sind. Solche Caches lassen sich auch gut im Rahmen von Exkursionen und Ausflügen aufsuchen und ermöglichen je nach Lage z. B. eine inhaltliche Verbindung mit kulturgeographischen Themen.

Ebenso gut können Schüler auch selbst Caches anlegen und ihre Mitschüler auf die Suche schicken. Nach anfänglichem Umherirren entwickeln sie dabei meist sehr schnell ein Gefühl für das Grandnetz und die Entfernungen und lernen, die Daten und Kursangaben des GPS-Gerätes im Gelände umzusetzen. So haben zwei Schüler meines Geographie-Oberstufenkurses verschiedene Caches in einem Forst- und Seengebiet nahe der Schule angelegt und ihren Mitschülern zunächst nur die Daten des ersten Caches mitgeteilt: Das Suchen konnte beginnen, und jedes Versteck enthielt – neben etwas Schokolade zur Stärkung – die Daten des nächsten (z. B. ein Holzstapel, ein hohler Baumstamm oder der Dachvorsprung einer Schutzhütte). (Näheres unter www.geocaching.de.)

GPS und digitale Karten

Besonders reizvoll wird der Einsatz der GPS-Technik, wenn es gelingt, neue Medien und Geländearbeit so miteinander zu verbinden, dass den Schülern unmittelbare (Natur-)Erlebnisse ermöglicht werden – was in einer zunehmend digitalisierten Welt eine immer wichtigere Erfahrung ist. In einer solchen kombinierten Unterrichtseinheit können z. B. Geländedaten mit GPS-Geräten gesammelt werden, wobei die Schüler gleichzeitig Erfahrungen mit dem Erheben empirischer Daten machen. Später werden diese Daten am Laptop oder PC ausgewertet. Mit relativ wenig Aufwand und ohne technisches Spezialwissen können die erhobenen Daten in digitale topographische Karten importiert und somit visualisiert werden. Besonders viel Spaß macht z. B. die Auswertung der Irrwege, die während eines Geocachings eingeschlagen wurden.

TOP 50

Für die Auswertung selbst gesammelter Geländedaten bieten sich z.B. die
CD-ROMs TOP 50 an, topographische Karten der Landesvermessungsämter
im Maßstab 1: 50000.

MagicMaps

Geeignet sind aber auch sogenannte MagicMaps, topographische Karten
im Maßstab 1 : 25000, die neben vielen sinnvollen Export- und Druckfunk-
tionen sogar eine 3D-Darstellung des Geländes sowie einen Überflug ermöglichen. Sie sind für jedes Bundesland auf CD-ROM oder DVD erhältlich.
Diese Karten haben den Vorteil, dass sie ohne weitere Software direkt mit
allen gängigen GPS-Geräten kommunizieren können, sofern ein gerätespe-
zifisches Datenkabel (seriell oder USB) angeschlossen ist (Ebay). (Bezug
über www.magicmaps.de; aktuelles Update beachten!)

Darüber hinaus bieten die MagicMaps gute Vorschläge für Rad-, Wander-
und Kanutouren, die sich auch hervorragend für die Vorbereitung von Exkursionen eignen (s.o.) und einen Export der geplanten Routen und Wegpunkte in das GPS-Gerät ermöglichen.

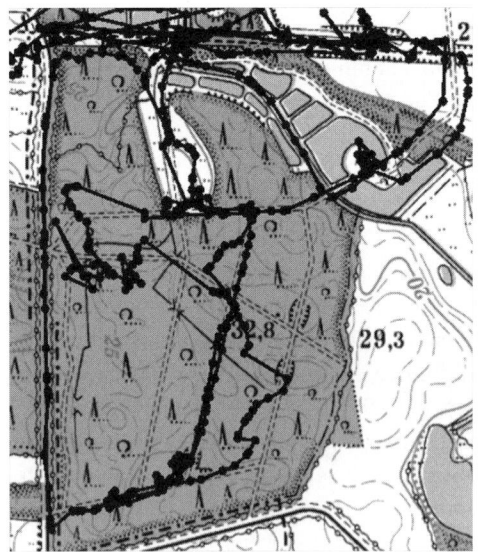

*Ausschnitt aus einer digitalen
Karte (MagicMap) mit impor-
tierten GPS-Aufzeichnungen
(Touren und Wegpunkte)*

Andere digitale Kartenformate

Auch zum Marco Polo Reiseplaner wird gegen Aufpreis ein Zusatzmodul angeboten, mit dem Wegpunkte und Routen vom PC auf Garmin GPS-Empfänger übertragen werden können (www.travelandmobile.de/produkte/mapo/src/mapo.asp).

Für die Nutzung anderer digitaler Kartenformate (z.B. BlueCharts, Seekarten) benötigt man auf dem PC eine spezielle Darstellungssoftware. Hier

---

GPS-Kartensoftware

TOP 50 Version 4
Digitale Karten im Maßstab 1 : 50 000, GPS-Schnittstelle, 3D-Darstellung, Überflugfunktion, nach Bundesländern sortiert (z. B. Bayerisches Landesvermessungsamt, München oder im Internet:
www.geodaten.bayern.de/bvv_web/blva/).

MagicMaps
Digitale Karten im Maßstab 1 : 25 000, GPS-Schnittstelle, 3D-Darstellung, Überflugfunktion, Routenvorschläge, nach Bundesländern sortiert (MagicMaps, Pliezhausen oder im Internet: www.magicmaps.de/shop/index.html).

Fugawi
Importiert und kalibriert sowohl digitale wie auch eingescannte Karten, Routenplanung, Echtzeitnavigation (bei angeschlossenem GPS), benötigt weitere Kartenmodule (z. B. Digital Maps, → S. 172) oder eingescannte Karten (z. B. bei Globetrotter Ausrüstung).

Fugawi Digital Maps
Digitale Vektorkarten zur ausschließlichen Verwendung mit Fugawi (s. o.), detaillierte Geländedarstellung mit Routenplanung und Echtzeitnavigation (z. B. bei Globetrotter Ausrüstung).

Garmin Topographische Karten
Digitale Karten im Maßstab 1 : 25 000 (Grundlage DTK25) zur ausschließlichen Verwendung auf Garmin-GPS-Geräten mit Kartenplotter (z. B. GPSmap 60 oder eTrex Vista), ermöglicht Echtzeitnavigation und Routenplanung direkt auf dem GPS-Empfänger (z. B. bei Globetrotter Ausrüstung).

ExpertGPS
Importiert, editiert und konvertiert GPS-Daten in Shapefiles (und umgekehrt) und ermöglicht die Durchführung eigener GPS-Kartierungen sowie eine Weiterverarbeitung der Daten in Diercke GIS/ArcView (TopoGrafix, USA, nur online verfügbar: www.expertgps.com).

bietet sich die Fugawi-Software an, die bei angeschlossenem GPS-Empfänger neben dem Übertragen von Wegpunkten, Touren (Tracks) und Routen
auch eine umfangreiche Echtzeitnavigation am Laptop erlaubt. Auf der
Fugawi-Website (www.fugawi.de) findet sich zudem eine Liste mit verfügbaren digitalen Karten für diese Software.

All diese Anwendungen ermöglichen einen ersten Einstieg in die GPS-Nutzung in Verbindung mit dem PC. Die der Planung zugrundeliegenden Karten lassen sich jedoch nicht auf die GPS-Empfänger übertragen. So sieht
man auf dem Gerät selbst später nur die geplanten Routen und Wegpunkte
in einer „leeren" Landschaft. Eine Ausnahme bilden hier nur die schon angesprochenen Kartenplotter.

GPS und GIS

Möchte man über diese Anwendungen hinaus auch Kartierungen vornehmen (z.B. für das Erstellen von Flächennutzungsplänen des Schulortes
oder das Einfügen neuer Baugebiete in eine vorhandene Karte), reicht der
Import von GPS-Daten in eine der beschriebenen topographischen Karten
nicht mehr aus. Der Grund: Bei diesen Karten ist das Editieren, also das
nachträgliche Ändern der vorhandenen Geodaten und die Anbindung von
Metadaten oder Zusatzinformationen, nicht mehr möglich, denn es handelt
sich hier, sehr vereinfacht ausgedrückt, nur noch um georeferenzierte
Bilder.

GIS-Daten beschaffen

Für komplexere Anwendungen ist es deshalb notwendig, auf die Daten von
Geographischen Informationssystemen (GIS) zugreifen zu können. Diese
GIS-Daten bekommt man auf Anfrage von den Landesvermessungsämtern,
im eigenen Bundesland meist sogar kostenlos. In Schleswig-Holstein beispielsweise können alle Bildungsträger des Bundeslandes (und nur diese!)
kostenlos auf die GIS-Daten des Landes zugreifen. Es lohnt es sich also in
jedem Fall, beim zuständigen Landesvermessungsamt nachzufragen.
Die GIS-Datensätze lassen sich dann z.B. im Diercke GIS (www.diercke.de/
gis/gis.html) darstellen und editieren, das auf der professionellen Software
Arcview 3.2 basiert (awww.esri.com/software/arcview/).

Näheres zu den umfangreichen Möglichkeiten des Einsatzes von Diercke GIS in SCHLEICHER 2004, S. 180–210. Eine kostenlose und gut bedienbare Alternative hierzu bietet der Spatial Commander (→ S. 154).

Datenaustausch zwischen GIS-Software und GPS-Gerät

Um nun den Datenaustausch zwischen der GIS-Software und dem GPS-Gerät zu ermöglichen, bedarf es einer Zusatzsoftware, die als „Übersetzer" zwischen beiden Systemen fungiert. Hier gibt es sehr professionelle Systeme, die vor allem in der Kommunal- und Forstverwaltung zum Einsatz kommen und entsprechend teuer sind (http://global.trimble.com/de). Für die Schule kommen diese Systeme deshalb meist nicht in Betracht. Es gibt hierfür aber auch kostenlose Programme.

Auf der Website von ESRI (Environmental Systems Research Institute, http://arcscripts.esri.com) findet man nach Eingabe der entsprechenden Suchbegriffe (z. B. Name des verwendeten GPS-Gerätes) einige Skripte zum Download. Wirklich überzeugen konnte für diese Anwendung jedoch keines der hier angebotenen Tools, da es zwischen dem Original Arcview und dem Diercke GIS offenbar minimale Unterschiede gibt, wodurch die Funktion dieser Skripte zum Teil beeinträchtigt wird. Das mag sich aber bald ändern, da diese Skripte ständig überarbeitet werden. Ein Blick auf diese Website ist also immer sinnvoll.

Eine sehr gute Schnittstelle zwischen GIS und GPS stellt jedoch das Programm ExpertGPS (www.expertgps.com) dar, das erschwinglich ist und sich zudem ohne Probleme intuitiv bedienen lässt. So ist es mit ExpertGPS problemlos möglich, Wegpunkte oder Tracks aus dem GPS-Gerät auszulesen, zu editieren, mit Symbolen und Hyperlinks zu versehen und die Daten anschließend direkt als Shapefile zu speichern. Dieses kann dann wiederum in der GIS-Anwendung geöffnet und dargestellt werden.

Anschließend lassen sich diese Shapefiles im GIS wie gewohnt bearbeiten: Man kann sie ein- und ausblenden und mit anderen Themen (Objekt- und Bilddatenquellen) kombinieren. Sobald man mit dieser Technik erste Erfahrungen gesammelt hat, eröffnet ExpertGPS dem Nutzer auch den umgekehrten Weg, nämlich den Export von Shapefiles auf das GPS-Gerät. Es empfiehlt sich aber, hier mit größter Vorsicht vorzugehen und nur wenig umfangreiche Datensätze (z. B. Punkte und Linien eines sehr eng eingegrenzten Raumes) zu übertragen, da der Speicher der meisten GPS-Geräte nur sehr begrenzt ist und sich auch nicht alle Shape-Datensätze auf dem GPS darstellen lassen.

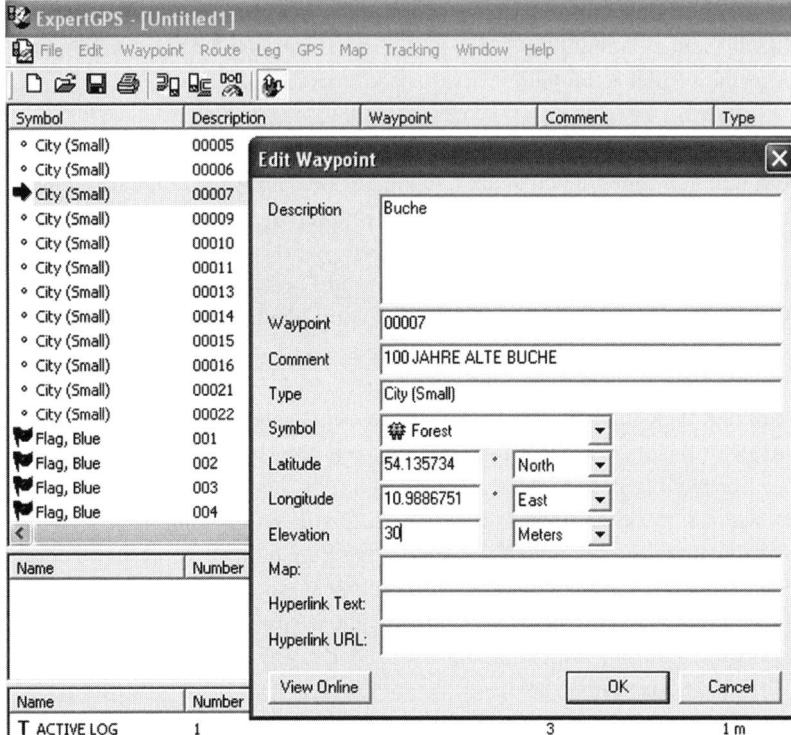

Nachträgliche Bearbeitung von importierten Wegpunkten aus dem GPS-Empfänger mit ExpertGPS

Der Vielfalt der GPS-Anwendung sind also kaum Grenzen gesetzt, und die gemeinsame Nutzung der GIS-Daten aus einer topographischen Karte zusammen mit den selbst erhobenen GPS-Daten eröffnet Lehrenden und Lernenden enorme gestalterische Möglichkeiten. Damit ist die Zeit der „Buntstiftkartographie" endgültig vorbei.

Kartenausschnitte in GIS-Software einpassen – (Spar-)Tricks für Experten

Das GIS-fähige Kartenmaterial ist relativ teuer, wenn man es aus anderen Bundesländern bezieht, was bei weit auseinanderliegenden Wegpunkten erhebliche Kosten verursachen kann. Möchte man abseits gelegene Wegpunkte dennoch vor dem Hintergrund einer topographischen Karte darstellen, werden dazu die Top 50 oder MagicMaps (→ S. 168) des Untersuchungsgebietes oder andere digitale Kartendarstellungen benötigt, die das Erzeugen von Wegpunkten erlauben. Außerdem braucht man einen GPS-Empfänger mit seriellem oder USB-Kabel, die Software ExptertGPS sowie eine GIS-Software (z. B. Diercke GIS oder Spatial Commander).

Um den gewünschten Kartenausschnitt möglichst genau in die GIS-Software einzupassen, geht man so vor:

- MagicMaps-Software öffnen,
- den gewünschten Bereich in der 2D-Darstellung auswählen,
- Karte als 2D-Karte (Grafik im bmp-Format) speichern,
- neuen Pfad aus mindestens sechs markanten Wegpunkten anlegen (z. b. trigonometrische Punkte, Straßenkreuzungen, Kirchen – gut merken!)
- den Pfad als OVL-Datei exportieren und mit Hilfe der GPS-Trans-Funktion (in MagicMaps enthalten) via Datenkabel zum GPS überspielen,
- MagicMaps schließen,
- 2D-Karte vom bmp-Format (z. b. mit Hilfe von IrfanView) in eine Tiff-Datei (Packbit) umwandeln,
- den Pfad mit Hilfe von ExpertGPS aus dem GPS-Empfänger wieder auslesen und nur die Wegpunkte als Shape-Datei exportieren.

Es bietet sich an, alle bisher erzeugten Dateien in einem gemeinsamen Verzeichnis abzulegen.

Um die Grafikdatei der 2D-Karte mit Hilfe der Wegpunkte (Shape-Datei) zu georeferenzieren, wird dann mit der GIS-Software ein sogenanntes Worldfile erzeugt (Anleitung siehe Benutzerhandbuch der GIS-Software). Bei sorgfältiger Arbeit lässt sich so problemlos ein RMS (Root Mean Square, quadratischer Mittelwert) von unter 40 erreichen, was für Visualisierungsaufgaben ausreichend ist.

Diese Bilddatenquelle lässt sich nun ohne weiteres mit anderen Themen (z. b. den Daten des Landesvermessungsamtes) kombinieren, sofern das Kartendatum identisch ist.

KJ

5.8 PDAs im schulischen Gebrauch

PDAs (Personal Digital Assistants) waren bis vor wenigen Jahren nichts anderes als kleine elektronische Notiz- und Telefonbücher mit eingebauter Terminverwaltung. Die Schnittstelle zwischen Nutzer und Gerät bildet meistens ein kleiner Touchscreen, ein berührungsempfindliches LCD (Flüssigkristallanzeige). Alleine diese Funktionen hätten diese Geräte kaum für den schulischen Einsatz qualifiziert.

Eine wirkliche Hilfe sowohl für den Unterricht wie auch auf Exkursionen ist dieses kleine Gerät erst, seit es neben der Synchronisation mit gängiger Office-Software auch eine Vielzahl von Anwendungen für unterschiedliche Fachgebiete beherrscht: Gezeitenkalender, farbige Kartendarstellungen, Navigationsprogramme, Entfernungsrechner für Strecken auf der Erdoberfläche, Lexika, eBooks, Wörterbücher und vieles andere mehr. Inzwischen gibt es für PDAs eine kaum überschaubare Fülle an Programmen. Für eine gezielte thematische Suche bietet sich die Nutzung spezieller Internet-Portale an (www.pdaforum.de). Zusatzangebote (z.B. ein Einschub für zusätzliche Speicherkarten, eingebaute Digitalkameras, integrierte MP3-Spieler, Lautsprecheranschlüsse, Tastaturen) komplettieren die mobilen Assistenten und lassen aus ihnen fast vollwertige kleine PCs werden, die im Unterricht auch schon mal eine Nationalhymne als Einstieg oder ein Interview als (pseudo-)authentische Quelle abspielen können. Gebrauchte PDAs sind günstig zu bekommen, neue Geräte sind je nach Ausstattung noch recht kostspielig.

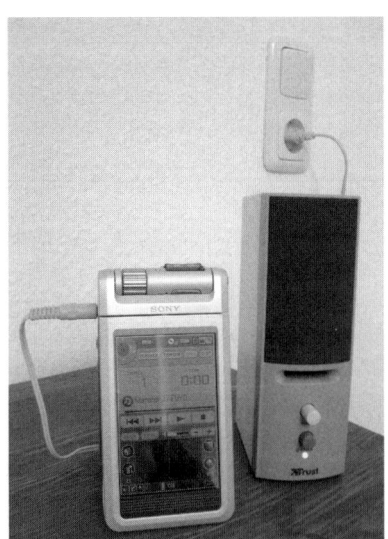

PDA (Sony Clie) mit angeschlossener Verstärkerbox zur Wiedergabe von Musik oder Interviews im Klassenraum

Bei der Auswahl des Betriebssystems (Operating System, kurz OS) steht man schnell vor ähnlichen Problemen wie beim Kauf eines PCs. Zusätzlich einschränkend ist hier jedoch, dass sich das PDA-Betriebssystem nachträglich nicht mehr umstellen lässt. Linux spielt in Europa als PDA-OS keine Rolle, sodass sich Windows CE bzw. Pocket Windows und Palm OS den Markt teilen. Bei PDAs mit Windows-Betriebssystemen gibt es umfangreiches Zubehör, und die vom PC gewohnte Nutzeroberfläche kommt vielen Anwendern entgegen. Das Palm OS findet sich außer auf Geräten dieser Firma auch auf denen der Marke Sony. Die Anwendungen dieses Betriebssystems lassen sich ebenfalls ohne Einschränkungen mit gängiger PC-Software synchronisieren. Gegenüber den Windows-Produkten gibt es hierfür jedoch ein sehr viel größeres Angebot an Anwendungen, Tools und Ergänzungen für alle erdenklichen Zwecke. Diese Programme sind oftmals kostenlos oder aber sehr günstig und dabei höchst funktional, ohne die zumeist knappen PDA-Ressourcen unnötig zu belasten.

PDA-Anwendungen für Geographielehrer

Gerade das Fach Geographie lädt dazu ein, unterwegs zu sein, sei es auf Exkursionen, zur Geländearbeit oder während einer Unterrichtsstunde im Freien. Ein PDA bietet Geographielehrern die Möglichkeit, dabei viele Informationen schnell griffbereit haben (z.B. Exkursions-Skripte, Schülerdaten, Anwendungen wie Gezeitenkalender). Hier einige bewährte PDA-Anwendungen:

Elektronischer Kompass
(www.orbworks.com)
Durch Ausrichten des PDA in die gewünschte Richtung und Antippen der Sonnenrichtung werden der aktuelle Kurs und die Himmelsrichtungen angezeigt (noch einfacher als der alte, aber bewährte Trick mit der Zeigeruhr).

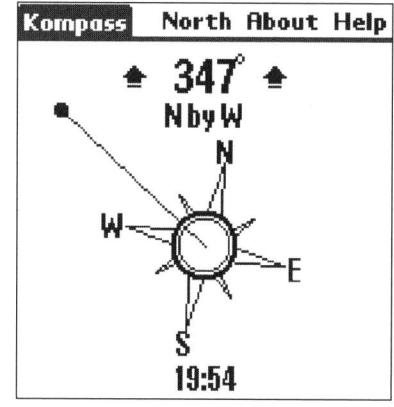

Einfacher elektronischer Kompass für PDAs, der sich nach Sonnenstand und Uhrzeit ausrichtet

Entfernungsrechner (www.astro-metrics.com)
Berechnet die Entfernung zwischen zwei Punkten auf der Erdoberfläche, die als Koordinaten eingegeben werden. Es gibt dazu auch eine Datenbank mit den Koordinaten größerer Städte. Hilfreich auch bei der Atlasarbeit im Klassenraum.

Moontool (http://home.a-city.de/franco.bez/)
Zeigt immer den aktuellen Zustand des Mondes an, durch Eingabe des Datums wird der dazugehörige Stand auch für jeden beliebigen anderen Tag berechnet. Hilfreich und anschaulich z. B. auch in Klasse 5 bei der Behandlung der Planeten oder für die Planung einer Nachtwanderung während einer Klassenfahrt.

TideTool (www.toolworks.com/bilofsky/download.htm)
Berechnet für zahllose Orte an der Nordsee und am Atlantik die Gezeiten (weitere Gebiete nachladbar). Nützlich für Exkursionen an die Nordsee oder für den Aufenthalt in einem dort gelegenen Schullandheim.

Länder der Welt (http://home.foni.net/~mohnhaupt/pilot/pilot-sw.htm#free)
Bietet die wichtigsten Basisdaten zu fast allen Ländern der Erde (z.B. Einwohnerzahl, Größe und internationales Kennzeichen). Eignet sich gut, um Vergleiche zwischen Ländern anzustellen.

WeatherCalc (http://i4weather.net/hiwc.html)
Berechnet die gefühlte Temperatur anhand der realen Temperatur, der Windgeschwindigkeit (wind chill) und der relativen Luftfeuchtigkeit.

PocketWissen
(http://software.pdaforum.de/product.php?pf=palmos&prod_id=6007)
Mobiles Taschenlexikon für unterwegs oder die spontane Suche während der Unterrichtsstunde. Bietet über 150 000 Stichwörter.

Go2America (www.francksen.de)
Konvertiert Daten zwischen dem metrischen System und dem US-System, hilfreich vor allem zur besseren Veranschaulichung von US-Daten aus dem Internet oder aus Filmdokumentationen.

Tiny Red Book (www.tiny-red-book.de/)
Digitaler Lehrerkalender mit allen Funktionen für eine effektive Noten- und Anwesenheitsverwaltung beliebig vieler Klassen und Kurse. Alle Daten können auch mit MS-Excel synchronisiert und ausgewertet werden.

Palm Reader (www.pdassi.de/product.php?prod_id=755)
Zum Lesen von E-Books und Nicht-Office-Dokumenten unverzichtbar.

Documents To Go (www.dataviz.com/products/documentstogo/)
Synchronisiert Office-Anwendungen zwischen PC und PDA und erlaubt eine Bearbeitung der Daten auf dem PDA.

Presenter To Go (www.margi.com/products/prod_ptg.htm)
Recht kostspielige kombinierte Hardware-/Softwarelösung, mit deren Hilfe sich PDAs direkt an einen Beamer anschließen lassen, um Präsentationen, Fotos oder Dokumente im Unterricht zu zeigen.

Palm Emulator (www.pdaforum.de/emulator/#Download)
Ermöglicht die Nutzung von Palm-Programmen auch auf dem PC. Palm-Anwendungen lassen sich so mit PC und Beamer anschaulich erklären oder im Unterricht einsetzen (auch ohne „Presenter To Go", s.o.).

PDAs und digitale Karten (Routenplaner)

Viele Routenplaner für den PC (z.B. der Marco Polo Reiseplaner, www.mapandguide.com) bieten eine Exportfunktion an, mit der die berechnete Route und zugehörige Karten (oder auch nur die Karten) auf den PDA

Hauptverkehrsstraßen um Paris – zum PDA exportierte Karte des Marco Polo Routenplaners (kleiner Maßstab)

übertragen werden können. Damit stehen dem Nutzer ohne weitere Kosten ausgewählte digitale Karten in beliebiger Auflösung zur Verfügung. Das kann sowohl für Städteexkursionen als auch für längere Touren mit Auto oder Bus sehr hilfreich sein.

Mit diesen Karten ist jedoch keine Echtzeitnavigation möglich, selbst dann nicht, wenn ein GPS-Empfänger an den PDA angeschlossen ist, denn bei den dargestellten Karten handelt es sich praktisch nur um digitale Bilder. Eine Ausnahme bildet hier unter anderem die Fugawi-Software mit entsprechenden Kartenmodulen (→ S.170), deren exportierte Karten bei Anschluss einer GPS-Antenne auch auf dem PDA navigationsfähig sind. Die Echtzeitnavigation und Routenplanung mit dem PDA erfordern neben einem externen GPS-Empfänger (sofern dieser nicht schon integriert ist) also auch noch eine spezielle und zum Teil recht teure Software. Diese Aufgabe meistern originäre Navigationssysteme oder GPS-Geräte häufig besser (→ S.165 ff.). Dennoch kann es je nach beabsichtigter Nutzung sinnvoll sein, seinen PDA entsprechend aufzurüsten. Für die (Gelände-)Arbeit mit Schülern hat sich diese Methode jedoch aus oben bereits beschriebenen Gründen nicht bewährt (Empfindlichkeit der Geräte, kurze Akkulaufzeiten, begrenzte Möglichkeiten der Verarbeitung von GPS-Daten am PC, Schutz personenbezogener Daten, → S.166). Insofern sind PDAs eher ein Werkzeug für die Lehrerhand, ein universeller Begleiter auf Studienfahrten oder in der Schultasche, aber kein Ersatz für einen GPS-Empfänger.

Für Exkursionen ermöglichen PDAs dennoch eine interessante Karten-Anwendung, die GPS-Geräte in dieser Form nicht bieten. Mit den oftmals

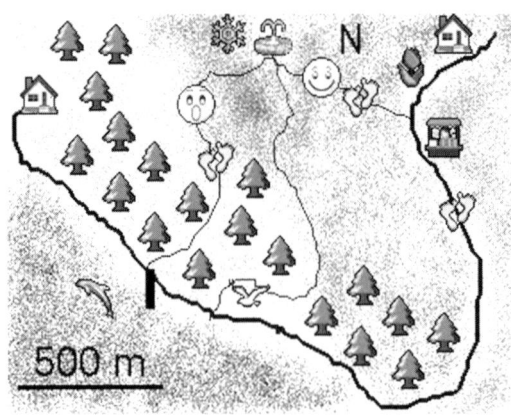

Digitale „Faustskizze",
geeignet zur weiteren
Verwendung am PC
(erstellt mit CliePaint)

integrierten Malprogrammen (z. B. CliePaint bei Sony-Geräten) lassen sich recht einfach Karten der Umgebung selbst zeichnen, mit Symbolen versehen und zur späteren Verwendung auf den PC exportieren. Eine schöne Beobachtungs- und Darstellungsübung, bei der dank der Technik auch die Ergebnisse von künstlerisch weniger begabten Schülern optisch ansprechender sind als so manche handgezeichnete Faustskizze.

KJ

5.9 Lernmodule selbst erstellen

Selbst erstellte Lernmodule sind geeignet, den Geographieunterricht handlungs- und produktionsorientiert anzulegen, und das in einem Rahmen, der es jedem Schüler ermöglicht, einen eigenen Weg zur Erschließung eines Themas zu finden und ihn möglichst selbst gesteuert zu beschreiten.
Die Aufgabe der Lehrkraft liegt dabei vor allem im Anbieten einer strukturierten Orientierungshilfe, die alle notwendigen Bereiche zur Entfaltung eigener Überlegungen, Ideen und Lernprozesse in einem positiven Sinne offenlässt. Es handelt sich hierbei um ein relativ neues Werkzeug, das Lehrenden ermöglicht, mit Hilfe von international etablierten Lernmodulstandards neue Medien noch sinnvoller in ihren Unterricht zu integrieren. Diese Lernmodule erleichtern den Lernenden und den sie unterstützenden Lehrkräften den Prozess des Lernens und ihn zugleich auch zu individualisieren. Zudem verschaffen sie den Lehrkräften Freiräume, die es ihnen erlauben, während der Unterrichtszeit stärker auf die Bedürfnisse einzelner Schüler oder Lerngruppen einzugehen.

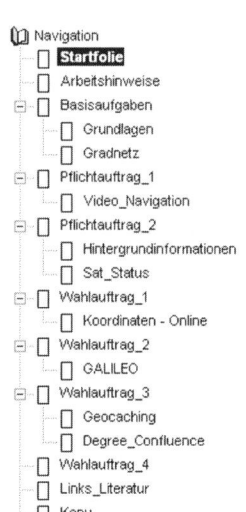

*Gliederungsansicht eines Lernmoduls
zum Thema Navigation*

Benötigt wird dazu nicht mehr als ein PC mit Internetbrowser und gängigen Office-Anwendungen, um die verschiedenen Dateiformate nutzen zu können, und – je nach Gestaltung des Lernmoduls – ggf. ein Programm zum Abspielen von Audio- oder Videodateien.

Die Abbildung auf Seite 181 zeigt als Beispiel den Aufbau eines Lernmoduls zum Thema Navigation, das für die Sekundarstufe II erstellt wurde (vgl. www.karsten-jonas.de/gps/index.htm). Weitere Beispiele finden Sie im Abschnitt „GPS im schulischen Gebrauch", → S. 165 ff.

Umsetzung nach internationalen Standards

Die technische Grundlage für diese Lernmodule bildet der sogenannte Reload Editor, eine Freeware, die über das Internet zu beziehen ist und mit wenigen Handgriffen die Bündelung und Strukturierung beliebiger digital vorliegender Inhalte und Formate ermöglicht (Download unter www.reload.ac.uk/). Die Handhabung ist innerhalb von maximal einer Stunde zu erlernen.

Mit diesem Tool lassen sich verschiedenste Materialien (z.B. Word- oder PDF-Dokumente, Sounddateien, Videos, Programme, Internetseiten) zu einem didaktisch sinnvoll gebündelten Lernmodul zusammenfassen und an die Schüler weitergeben. Zugleich wird das Lernmodul damit in einem international standardisierten technischen Verfahren erstellt, das in beinahe beliebiger Form an beliebigen Orten ausgegeben werden kann (z.B. als Website, als CD-ROM oder als E-Learning-Modul für den synchronen bzw. asynchronen Einsatz in Lernplattformen wie LoNet, Moodle und ATutor oder in InterWise).

Dem sogenannten Content-Ersteller (oder einfacher gesagt: dem Autor) steht es dabei frei, ob er nur die Ergebnisse (das fertige Lernmodul) publiziert oder das gesamte noch editierbare Content-Paket, das ein anderer Kollege dann nach seinen Bedürfnissen modifizieren kann.

Durch diesen Standard wird der verlustfreie Austausch von Material (im technischen und didaktischen Sinne) über Klassenräume, Kollegien, Universitäten oder gar Länder hinweg erheblich vereinfacht, ja im digitalen Bereich überhaupt erst ermöglicht, arbeiten doch im Optimalfall alle Beteiligten nach denselben international gültigen Standards.

Methodische Bausteine und Materialien

Das Lernmodul kann zusammensetzt sein aus Arbeitshinweisen, Pflichtaufträgen, Wahlaufträgen, Hintergrundinformationen in Form von Sekundärtexten, Beispielen für eine mediale Umsetzung geographischer Inhalte sowie allen zur Bearbeitung des Projektes notwendigen Programmen (Freeware wie Audacity für die Soundbearbeitung, Gimp für die Grafikbearbeitung oder auch OpenOffice s. Kapitel 7, → S. 217). Die Materialien sollten die Schüler selbstverständlich auch zu Hause nutzen können.

In diese Lernmodule lassen sich digitale Materialien jeden Formats einfügen. Auch Metainformationen (z. B. zum Autor, zur Zielgruppe und vielen anderen Punkte) können problemlos eingebunden werden und ermöglichen damit die Einordnung des Lernmoduls in Datenbanken oder seine Recherchierbarkeit über Suchmaschinen.

Programmierkenntnisse sind hierzu nicht erforderlich. Ein sicherer Umgang mit Standardsoftware (Office, etwas Bild- und Tonbearbeitung, Webrecherche) ist in jedem Fall ausreichend, um ein Lernmodul zu erstellen.

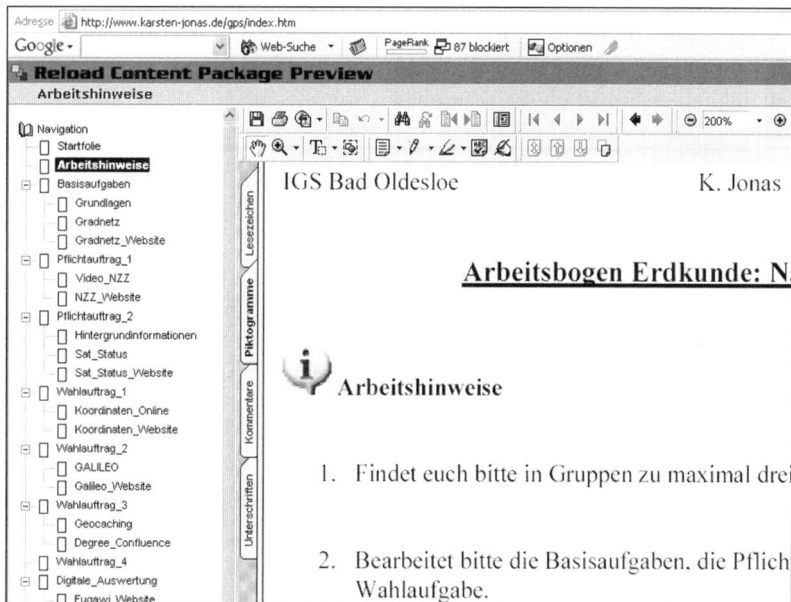

Webdarstellung eines Reload-Lernmoduls zum Thema Navigation (links die Gliederungsansicht, rechts das PDF-Dokument)

(Kostenlose Online-Schulungen zur Nutzung des RELOAD-Editors und zu den Hintergründen dieser Technik bietet das Institut für Qualitätsentwicklung an Schulen Schleswig-Holstein (IQSH) in Kiel regelmäßig an: www. echtzeitfortbildung.de.)

Der Lehrkraft bleibt überlassen, auf welchem Wege die Gruppen das Lernmodul und die eingebundenen Materialien erhalten, ob auf CD-ROM, als Website, über eine Lernplattform (z. B. ATutor), auf einem USB-Stick oder über mehrere Wege. Die so erstellten Lernmodule lassen sich auch hervorragend in Verbindung mit interaktiven Whiteboards (digitalen Tafeln) nutzen.

Bearbeitung eines Lernmoduls

Die Bearbeitung in Gruppen erfolgt dann in der Regel sehr selbstständig, sodass der Lehrkraft ausreichend Zeit bleibt, auf individuelle, inhaltliche oder technische Fragen einzugehen. Darüber hinaus erhält man die sonst eher seltene Gelegenheit, die Arbeitsgruppen mit etwas Abstand auch über mehrere Wochen zu beobachten, ihre soziale Interaktion nachzuvollziehen und Rollenverteilungen sowie Probleme innerhalb der Gruppen zu erkennen.

Auch die Ergebnisse der Arbeitsgruppen können mit Hilfe von RELOAD gebündelt und dem gesamten Kurs wiederum als Lernmodul verfügbar gemacht werden. Für die Bereitstellung und Bearbeitung der fertigen Gruppenergebnisse im Klassen- oder Kursverband bietet sich eine sogenannte Miniserver-Software auf einem USB-Stick an. Sie erlaubt es innerhalb eines Netzwerkes, von jedem Rechner aus auf diesen USB-Stick zuzugreifen, der an jeden beliebigen Rechner dieses Netzwerkes angeschlossen sein kann, ohne dass Netzwerkeingriffe oder gar Administratorrechte nötig wären (Download unter: www.aidex.de/software/webserver/). Diese Miniserver-Software wurde von der IQSH-Abteilung Entwicklung und Innovation (s. o.) so weiterentwickelt, dass mit ihrer Hilfe unter anderem auch eine automatische Bündelung aller Schülerergebnisse als fertiges RELOAD-Modul auf einem USB-Stick oder einem beliebigen Netzlaufwerk möglich wird (Download unter: http://weload.lernnetz.de). Ein mühsames Einsammeln der Ergebnisse von allen Schülerrechnern oder größere Kopieraktionen innerhalb des Netzwerkes entfallen so. Damit kann die Lehrkraft ihre gesamte Vorbereitung und alle Schülerergebnisse auf einem Speicher-Stick transportieren – die Schultasche schrumpft auf die Größe eines Feuerzeugs.

Bewertung der Ergebnisse

Das Prinzip der Bewertung der Arbeitsergebnisse sollte den Schülern in jedem Fall vorher bekannt sein. Ein Beispiel: Für die Bewertung des Ergebnisses einer dreiköpfigen Gruppe veranschlagt die Lehrkraft pro Person 10 Punkte. Diese Gruppe erhält dann insgesamt 30 Punkte, die sie selbstständig unter sich aufteilen kann – ein durchaus wirksames Mittel, gruppeninterne Leistungsunterschiede fair zu bewerten.

Checkliste zum Erstellen von Lernmodulen

1. REALOD oder WeLoad Editor auf dem eigenen PC installieren.
2. Neues Arbeitsverzeichnis auf der Festplatte anlegen.
3. Arbeitsbögen oder Folien wie gewohnt erstellen (Office-Programme) und im Arbeitsverzeichnis abspeichern.
4. Externe Dateien (Bilder, Videos, Sounds etc.) sammeln und abspeichern (Urheberrechte beachten!).
5. Editor öffnen, neues Projekt in dem Arbeitsverzeichnis anlegen.
6. Gesammeltes Material per „drag and drop" anordnen.
7. Gegebenenfalls Hyperlinks einfügen.
8. Lernmodul in XML (als Preview) abspeichern.
9. Lernmodul an die Schüler verteilen (auf CD, USB-Stick oder über das Internet ...).

Fazit

Nach meiner Erfahrung macht das Erstellen eines Lernmoduls im Vorfeld des Unterrichts in der Summe nicht mehr Aufwand als die konventionelle Vorbereitung für eine entsprechende Anzahl von Einzelstunden. Subjektiv habe ich die intensive und stringente Vorbereitung zum Thema Navigation innerhalb von zwei Tagen als angenehmer empfunden, als mich über Wochen immer wieder mit dem Thema zu beschäftigen. Das Wissen um die komplett vorbereitete und fertig strukturierte Unterrichtseinheit, die ich den Schülern übergeben konnte, entspannte mich während der Schulstunden deutlich, ich war gegenüber individuellen Anliegen der Lernenden aufgeschlossener und konnte mir mehr Zeit für die Besprechung ihrer Anliegen nehmen.

Die Schüler arbeiten nach meiner Erfahrung in solchen Projekten meist engagierter und kommen häufig zu hochwertigeren Ergebnissen als etwa bei einer rein buchgebundenen Themenbearbeitung.

Neben der inhaltlichen Sinnhaftigkeit des Erarbeiteten lassen sich hier in besonderer Weise die individuellen Fähigkeiten der Schüler und ihr persönliches Engagement bewerten, gut erkennbar an den Ergebnissen und deren Originalität.

KJ

Literatur

RAPP, B. (2004): Software im Unterricht einsetzen. Kriterien und Leifragen für die Auswahl von Software für konkrete Unterrichtsvorhaben. In: Computer + Unterricht 56, S. 42–43

SCHÄFER, F. (2005): Arbeiten mit dem Nationalatlas USA. Eine GIS-gestützte Einführung in die Landwirtschaft der USA (Sekundarstufe I). In: geographie heute, Heft 233, S. 22–25

SCHLEICHER, Y. (Hrsg.) (2004): Computer, Internet & Co. im Erdkunde-Unterricht. Berlin

6 Draußen arbeiten

Yvonne Schleicher

Das Potenzial für interessanten Geographieunterricht außerhalb der Schule ist enorm. Unterrichtsstunden im Gelände und Klassenfahrten, die als geographische Exkursionen durchgeführt wurden, bleiben in der Erinnerung präsent. Dass aber der Gang ins Gelände nicht immer mehrtägig bzw. ganztägig ausfallen kann, ergibt sich aus den unterrichtlichen Rahmenbedingungen. Nachfolgend finden Sie eine Zusammenstellung von exkursionsdidaktischen Hinweisen, mit denen sich aus jedem „Spaziergang" eine geographische Exkursion machen lässt. Anschließend werden Anregungen für Unterrichtsgänge und Lehrwanderungen vorgestellt, die im Schullandheim, auf Klassenfahrten, an Wandertagen oder auch einfach im Rahmen des Unterrichts an einem Vormittag stattfinden können (vgl. HENNINGS u.a. 2006).

6.1 Standortarbeit planen und vorbereiten

Erkundet werden können z.B. der Bau von Windkraftanlagen, die Ausweisung von Naturschutzgebieten, Straßenbau-Projekte (z.B. Verkehrsberuhigung, Fußgängerzonen, Umgehungsstraßen), der Bau von Einkaufszentren und vieles mehr. Dabei sollte immer eine geographische Fragestellung der Auslöser/Grund für die Erkundung sein.

Methodische Vorschläge

Hier einige methodische Vorschläge für die einzelnen Phasen eines außerschulischen Unterrichtsvorhabens:

Vorbereitung im Unterricht

- Interessengruppen identifizieren, die von der Raumveränderung betroffen sind
- Diskussionsstand ermitteln
- Fakten, Rechtslage klären
- Presseberichte/Internet nutzen
- Bilder/Luftbilder vom Standort/Konfliktgebiet auswerten
- Verortung auf einer topographischen Karte
- ...

Durchführung vor Ort (im Nahraum)

- Besichtigung des Standorts: Fotodokumentation
- Durchführung von Messungen (Lärm, Entfernungen ...)
- Befragung der Interessenvertreter/Meinungsbild der Anwohner und Betroffenen
- ...

Nachbereitung im Unterricht: Meinungsbildung

- Rollenspiel/Planspiel/Podiumsdiskussion/Pro-Kontra-Diskussion
- zusammenfassendes Meinungsbild
- Bericht/Posterpräsentation/Brief an Interessengruppen oder Entscheidungsträger
- ...

Exkursionsdidaktische Hinweise

Unterrichtsprojekte außerhalb der Schule eignen sich in besonderer Weise für Arbeitsformen, bei denen die Selbsttätigkeit der Schüler und kooperative Lernformen im Fordergrund stehen. Bei der Planung können deshalb diese Leitgedanken hilfreich sein (vgl. HEMMER 1996, S. 9):

Didaktische Leitsätze für Exkursionen	
Selbsttätigkeit „Lerning by doing" im Sinne eines vom Intellekt gesteuerten, entdeckenden Lernens	**Ganzheitliches Lernen mit allen Sinnen** Primärerfahrungen „mit Kopf, Herz und Hand" (Pestalozzi)
Teilnehmerorientierung und -integration Integration der Fragen, Interessen und Planungskompetenz der Teilnehmerinnen und Teilnehmer	**Favorisierung kooperativer Lernformen** Förderung der Teamfähigkeit

Für die Vorbereitung ergeben sich daraus folgende Anforderungen (nach BEYER/HEMMER 1997, S. 1–4):

Didaktisch-methodische Anforderungen an die Exkursionsleitung
- Festlegung der Lernziele
- Geeignetes Exkursionsgebiet ausfindig machen
- Sich Fachkenntnisse über das Thema und den Untersuchungsraum aneignen (Literaturrecherche)
- Didaktische Analyse: Aspekte herausfiltern, die auf der Exkursion behandelt werden sollen
- Partizipationsmöglichkeiten für die Teilnehmer/innen einbauen
- Geeignete Standorte im Gelände ausfindig machen
- Leitfragen, Impulse und Methoden für die einzelnen Standorte überlegen
- Zusätzliche Materialien (Diagramme, Bilder, Arbeitsblätter) bereitstellen
- Formen der Sicherung und Auswertung überlegen

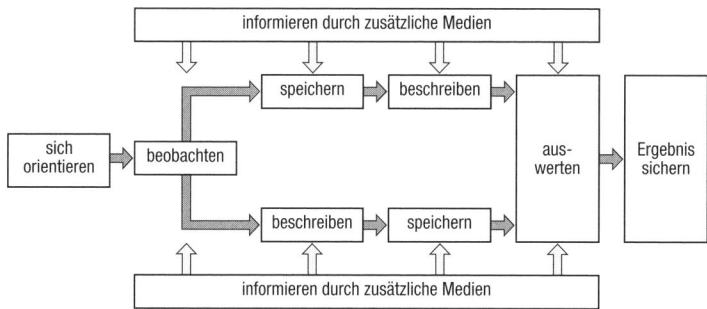

Struktur- und Verlaufsmodell der Standortarbeit (vgl. HEMMER 2005, S. 3)

Eine problemorientierte Standortarbeit kann in folgende Schritte gegliedert sein (nach BEYER/HEMMER 1997, S. 3).

Phasen einer problemorientierten Standortarbeit

Einstig	Erarbeitung	Auswertung
Orientieren am Standort	Untersuchung im Gelände	Interpretation der Ergebnisse
Beobachten	Hilfsmittel/Medien heranziehen	Problemlösen
Geographische Fragen stellen	Speichern der Ergebnisse	Ergebnissicherung
Lösungsstrategien entwickeln	Präsentieren	Reflektieren, Anwenden

Sind Thema, Fragestellung und Exkursionsziel festgelegt, müssen die konkreten Arbeitsschritte geplant und vorbereitet werden. Die folgenden Fragen können hierfür nützlich sein (vgl. HEMMER 1998, S. 4, und 2005, S. 4):

Fragen zur Vorbereitung der Standortarbeit
- Welche physiognomisch wahrnehmbaren Phänomene bietet der Standort zur Thematik und Fragestellung der Exkursion?
- Was können die Teilnehmer am jeweiligen Standort selbst beobachten?
- Welche Raummerkmale erleichtern ihnen die Orientierung im Gelände? Bedarf es zusätzlicher Medien (Kompass, Karte, GPS)?
- Welche Aufgaben und Impulse können sie anregen, gezielt zu beobachten?
- Wie sollen sie diese Beobachtungen speichern?
- Welche fachspezifischen Arbeitsweisen (wie Kartierungen, Befragungen, Messungen) und anderweitigen Methoden fördern die Selbsttätigkeit der Schüler?
- Welche Zusatzinformationen sind notwendig und in welcher Weise sollen diese vermittelt werden?
- Inwiefern kann bereits im Gelände eine Auswertung erfolgen?
- In welcher Form wird das Ergebnis gesichert?
- Wie können die Ergebnisse in der Sicherungsphase nachhaltig mit dem Raumeindruck verknüpft werden?

6.2 Geo-Rallyes

Eine geographische Rallye ist keine Beschäftigungstherapie und auch keine wahllose Abfrage von Daten und Informationen, sondern eine spielerische Erkundungsmethode, die es ermöglicht, außerhalb des Klassenzimmers erste Erfahrungen mit geographischen Arbeitsweisen zu sammeln. Besonders gut einsetzen lassen sich Rallyes beim Themenbereich „Orientierung im Raum".

Schulhausrallye

Zu Beginn der fünften Klasse müssen sich die Schülerinnen und Schüler meist in einem für sie neuen Schulgebäude zurechtfinden. Dies kann durch eine Rallye zur Erkundung des Schulhauses unterstützt werden. Zugleich kann dabei der Wissensstand hinsichtlich räumlicher Orientierungsfähigkeit ermittelt und ggf. angeglichen werden. Bei dieser Gelegenheit können Sie die Schüler auch auf weitere Besonderheiten und schulinterne Regelungen hinweisen (z.B. Sauberhalten des Schulgeländes).

Beispiel-Fotos für eine Schulhausrallye

Für die Schulhausrallye werden von zentralen und wichtigen Orten der Schule Fotos angefertigt und nummeriert (z.B. Hausmeisterzimmer, Lehrerzimmer, Sekretariat, Feuerlöscher, Fahrradparkplätze, Mülleimer/Mülltrennungssystem). Die Schüler erhalten außerdem einen Plan vom Schulgebäude (Fluchtplan), in den sie die Nummern der Fotos eintragen sollen. Weitere Fragen können sein: Wo wurde die Aufnahme gemacht? Wie kommst du am schnellsten vom Klassenraum zum Aufnahmeort? …

Geographische Stadtrallye

Bei einer solchen Rallye geht es vor allem darum, reale Objekte im Gelände mit der Verortung auf einer Karte in Zusammenhang zu bringen.

Aufgabenstellungen für eine Stadtrallye

1. Auf dem Weg zum ... begegnet ihr ... (Statue, Brunnen ...). Tragt die Stelle, an der ... steht, im Stadtplan ein.
2. Am Bahnhof fragt euch ein Urlauber, wie er am schnellsten zur ... kommt. Zeichnet ihm eine Skizze zur Orientierung.
3. An einem zentralen Platz soll ein Wegweiser zu den Sehenswürdigkeiten und wichtigen Gebäuden errichtet werden.
   Wählt einen sinnvollen Ort aus, verortet ihn im Stadtplan und tragt die Entfernungen auf dem Wegweiser ein.
4. Einige Geschäfte in der Stadt sind zurzeit geschlossen. Die Läden können von neuen Geschäftsleuten angemietet werden.
   Zeichnet die geschlossenen Läden im Stadtplan ein.
   Überlegt euch, warum diese Geschäfte geschlossen wurden, und befragt dazu evtl. die Anwohner oder Nachbarn.
5. Hier sind einige Fotos aus dem Stadtgebiet und eine Karte. Wo stand der Fotograf, als er diese Bilder aufgenommen hat?
   Tragt den Standort mit einem Punkt in die Karte ein. Kennzeichnet den Winkel/die Richtung, aus der der Fotograf die Aufnahme gemacht hat.

Wegweiser zu Sehenswürdigkeiten und wichtigen Gebäuden

Meersburg am Bodensee: Wo stand der Fotograf?

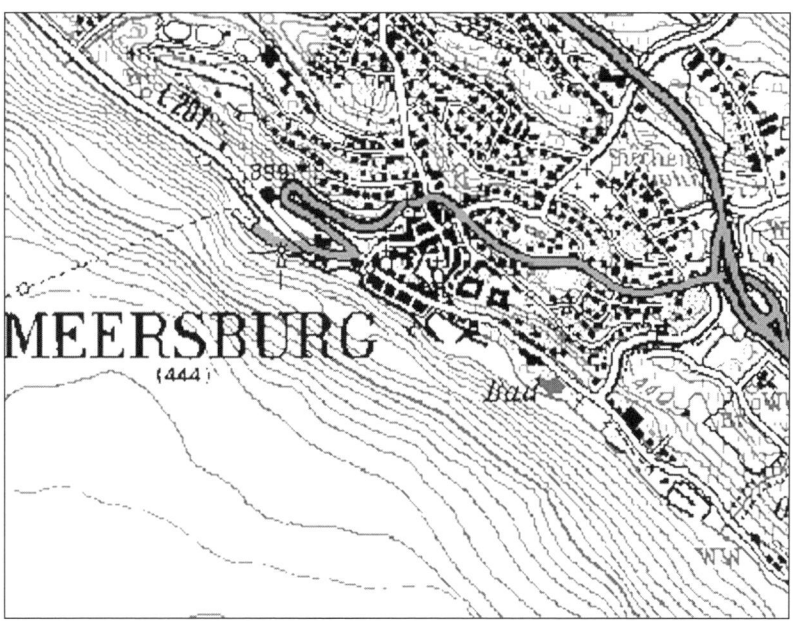

Karte zur Kennzeichnung des Fotografenstandortes (Landesvermessungsamt Baden-Württemberg)

Supermarktrallye: Das Obst- und Gemüseangebot erkunden

Eine Supermarktrallye kann selten mit der ganzen Klasse in einem Geschäft durchgeführt werden. Je nach Größe der Klasse und des Supermarktes kann hier eine Differenzierung stattfinden, wobei auch Supermärkte in der Nähe der Schülerwohnorte außerhalb des Unterrichts erkundet werden können.

Da die Vielfalt der angebotenen Obst- und Gemüsesorten mit einem Fragebogen kaum erfasst werden kann, sollten Akzente gesetzt werden.

Gemüse: Hier sind Tomaten interessant, da sie das ganze Jahr über angeboten werden, Preis, Qualität und Herkunft der Ware aber stark variieren.

Obst: Besonders geeignet sind Erdbeeren, denn die ersten Früchte tauchen meist schon ab Februar in den Regalen der Supermärkte auf. Hier wird deutlich, welche immensen Transportwege in Kauf genommen werden, um diese Früchte so frühzeitig anbieten zu können.

Bioprodukte: Eine weitere interessante Differenzierungsmöglichkeit bieten die Produkte aus ökologischem Anbau. Ob auf dem Wochenmarkt, im Bioladen oder bei den großen Discountern im Biosortiment: Bioobst und Biogemüse werden immer häufiger nachgefragt. Wie viel teurer sind diese Produkte wirklich? Und woher kommen die Bioprodukte?

Das Warenangebot erkunden: Woher kommen die Äpfel?

Erkundungsbogen: Obst und Gemüse

Wir haben dieses Geschäft/diesen Markt erkundet:

_____

Erkundungstag/Wochentag:

_____

Monat:

_____

Produkt	Herkunftsland	Kontinent	Preis/kg

6.3 Walderkundungen

Die folgenden Beispiele können als Einstieg in das Thema Wald dienen. Dabei geht es in erste Linie darum, die Wahrnehmung zu schärfen, den Blick für das Besondere zu öffnen und soziale Kompetenzen (Vertrauen) zu fördern. Es handelt sich also nicht um rein geographische Themen. Die Übungen können fächerübergreifend eingesetzt werden oder auch, um bei einem Unterrichtsgang die Konzentration der Klasse wieder zu bündeln (vgl. BAYRISCHES STAATSMINISTERIUM FÜR LANDWIRTSCHAFT UND FORSTEN 2001). Weitere interessante Anregungen zur Waldpädagogik finden sich in CORNELL 1991.

Geräuschekarten erstellen

Um Geräusche bewusst wahrnehmen zu können, muss man still sein. Diese Übung eignet sich daher im Rahmen von Unterrichtsgängen besonders gut, um Ruhe in die Gruppe zu bringen. Durch das Verorten der Geräusche auf einer Skizze wird auch die Orientierung im Raum gefördert. Die Übung ist aber nicht an den Wald gebunden. Je nach Intention kann sie auch auf einer Wiese, in der Stadt, am Ortsrand oder in einem Gewerbegebiet durchgeführt werden (Lärmmessung s. Kapitel 4, → S. 120 ff.).

Walderkundungen als interdisziplinäre Standortarbeit

Material: Klemmbrett/Schreibunterlage, Stift, DIN-A4-Blatt

Ablauf: Jeder Schüler sucht sich im Gelände einen ruhigen Platz und versucht, Eigengeräusche zu vermeiden. Über eine Zeitspanne von zehn Minuten notiert nun jeder die wahrgenommenen Geräusche (s. Aufgaben). Anschließend kommen alle wieder zurück zum Ausgangspunkt. Der Erhebungszeitraum muss für alle Teilnehmer gleich sein, sodass die Geräusche der Rückkehrer nicht erhoben werden.

Arbeitsauftrag

- Nimm dein Blatt und markiere in der Mitte deinen eigenen Standort mit einem x (Landkarte). Dies ist dein Standort auf der Geräuschkarte.
- Versuche nun alle Geräusche auch ihrem Ursprungsort zuzuordnen und kennzeichne dies auf deiner Skizze.

Tipp: Es ist leichter, wenn du wesentliche Elemente der Landschaft mit in die Karte einzeichnest: Waldweg, Parkplatz, Eisenbahnlinie ...

Anschließend werden die Ergebnisse besprochen:
- Welche Geräusche sind erfasst worden? (Jeder Schüler nennt ein Geräusch, das er gehört hat und das noch von keinem anderen Schüler genannt wurde.)
- Wie viele dieser Geräusche sind durch Menschen verursacht worden (Fremdgeräusche)?
- Können die Tiergeräusche auch einem bestimmten Tier zugeordnet werden?
- Woher kamen die Geräusche? (Die Geräuschekarten werden verglichen.)

Spiegelgang

Mit dem Spiegelgang wird eine veränderte Perspektive eingenommen und die Wahrnehmung auf die Ebene der Baumkronen und des Waldbodens gelenkt. Diese Übung ist deshalb für Wälder mit hohen Bäumen geeignet.

Material: Spiegelkacheln (z. B. aus einem Baumarkt) oder größere Kosmetikspiegel.

Ablauf: Jeder erhält einen Spiegel. Gruppen von bis zu acht Schülern bilden jeweils eine Karawane. Sie stellen sich in einer Reihe hintereinander auf, halten in der einen Hand den Spiegel und legen die andere auf die Schulter des Mitschülers vor ihnen. Der Spiegel wird so nah zwischen Augen und Nase gehalten, dass nur die Kronenwelt zu sehen ist. Ein Schüler

Spiegelgang   *Vertrauensgang*

geht vorsichtig voraus und leitet die Karawane. Auf dem Hinweg wird so das Kronendach betrachtet, für den Rückweg wird der Spiegel gedreht und der Waldboden auf die gleiche Weise in den Blick genommen.

Vertrauensgang: Bäume wiederfinden

Wie gut ist unsere Wahrnehmung mit verschlossenen Augen? Bei dieser Übung wird ein Schüler mit verbundenen Augen zu einem Baum geführt, der später wiedererkannt werden soll. Neben der sinnlichen Wahrnehmung geht es hier auch um Vertrauen. Der Vertrauensgang läuft ruhig ab und ist mit beliebig vielen Schülern durchführbar. Allerdings sollte das Areal so groß sein, dass sich die Zweierteams nicht gegenseitig stören.

Material: für jedes Paar ein Tuch zum Verbinden der Augen

Dauer: zweimal etwa 10 Minuten

Ablauf: Jeweils zwei Schüler arbeiten zusammen. Beide sollen nacheinander einen mit verbundenen Augen ertasteten Baum wiedererkennen. Der „Sehende" führt dazu den „Blinden" vorsichtig durch das Gelände bis zu einem markanten Baum, dessen auffälligen Merkmale gut zu ertasten sein sollen. Zur Orientierung wird der „Blinde" auf dem Weg zum Baum und auch auf dem Weg zurück zum Ausgangspunkt an weitere markante „Wegpunkte" geführt: Moospolster, heruntergefallene Äste, große Blätter, Baumstümpfe. Zurück am Ausgangspunkt wird die Augenbinde abgenommen und der „Blinde" versucht den Baum wiederzuerkennen. Danach werden die Rollen getauscht und die Übung wird wiederholt.

Kartierung und Vermessung eines Waldstücks

Viele Schwerpunktthemen rund um den Wald (Boden, Wasser, Bäume, nachhaltige Waldnutzung, Waldschäden, Lebensraum Wald ...) können mit der geographischen Arbeitsmethode der Kartierung in Verbindung gebracht werden. Dazu bedarf es aber zuerst einer geographischen Fragestellung, die mit Hilfe der Kartierung gelöst werden soll.

Mögliche Fragestellungen für Waldkartierungen:

- Welche wertvollen Baumarten wachsen im Waldstück, das gerodet werden soll?
- Welche Bäume sind durch Umwelteinflüsse besonders geschädigt?
- Wurde die Misch-Aufforstung erfolgreich durchgeführt?
- Wie verändert sich die Zusammensetzung der Vegetation mit zunehmender Höhe?

Die Waldkartierung kann auch im Zusammenhang mit Messungen des pH-Werts der Böden durchgeführt werden (→ S. 200 ff.).

Ablauf: Das zu untersuchende Gebiet wird in rechteckige oder quadratische Teilstücke unterteilt (z. B. 10 x 10 m oder 50 x 50 m). Die erforderliche Größe variiert je nach Fragestellung. Der Erhebungsbogen zur Nutzungskartierung sollte im entsprechenden Maßstab gestaltet sein (Vorlage → S. 198). Die Legendensymbole (Kartensymbole) sollten vorher mit der Klasse übereinstimmend festgelegt werden.

Zusätzlich zur Vegetationskartierung wird ein Protokollblatt für die einzelnen Teilparzellen angelegt:

Protokollblatt: Vegetationsaufnahme
Parzelle Nr. _____ Bearbeiter/in _____
Kurzbeschreibung des Waldstücks (Lage, Baumbestand, Auffälligkeiten)
Feststellungen in Bezug auf das zu untersuchende Merkmal
Sonstiges

Vegetationsaufnahme

Bedeckungsdiagramm
Symbole:

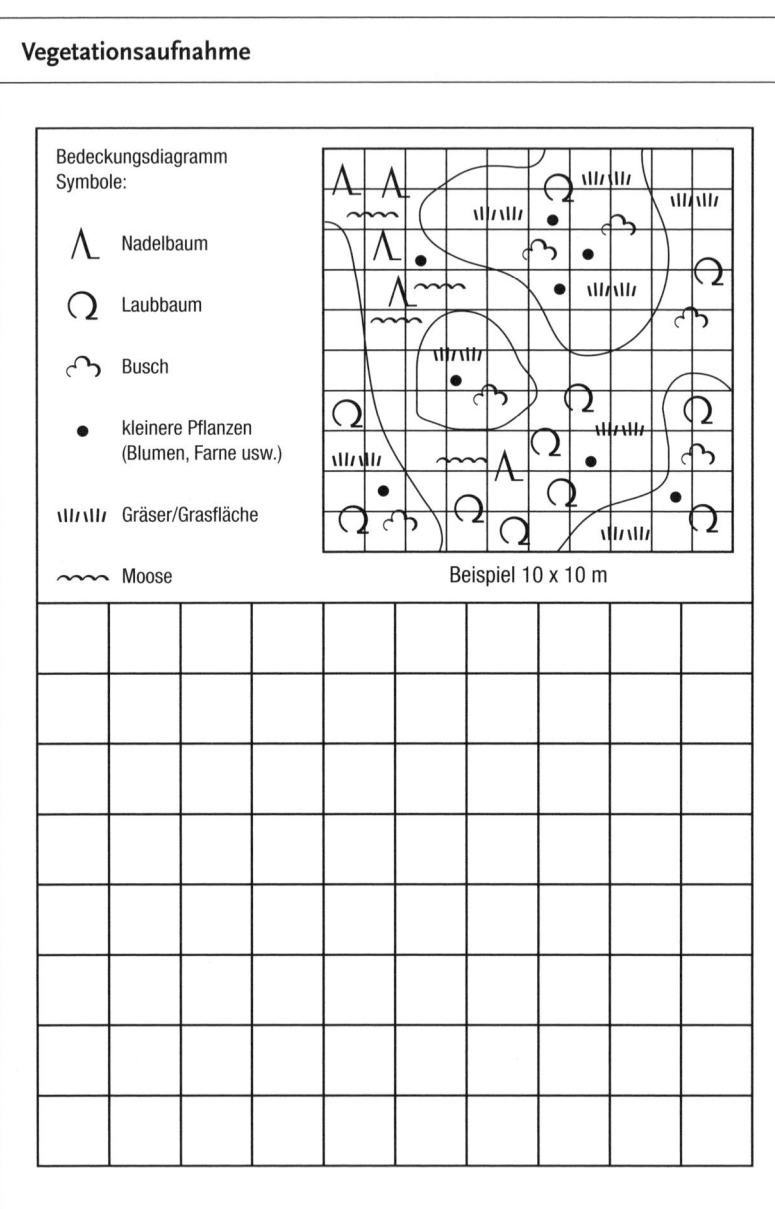

Λ   Nadelbaum

Ω   Laubbaum

☁   Busch

●   kleinere Pflanzen
     (Blumen, Farne usw.)

ιιι/ιιι   Gräser/Grasfläche

〜〜〜   Moose

Beispiel 10 x 10 m

Baumhöhe messen mit der Spazierstockmethode

Bei Vegetationskartierungen wird häufig auch ein Baum-Steckbrief erstellt. Festgehalten werden dabei Baumart, Baumfrüchte, Alter, Umfang und auch die Höhe. Letztere kann mit folgendem Verfahren gemessen werden:

Höhenbestimmung nach der Spazierstockmethode

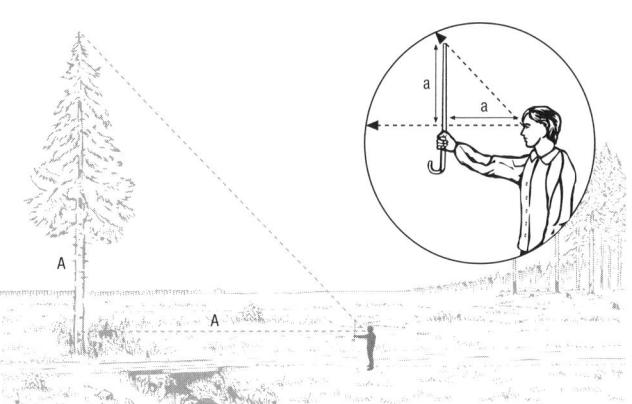

Spazierstockmethode

Bestimme die Baumhöhe so:
Der Weg zwischen dir und dem Baum sollte kein Gefälle aufweisen.

1. Nimm einen Stock in die Hand und strecke deinen Arm aus.

2. Halte den Stock so, dass die Stockhöhe dem Abstand vom Stock zum Auge entspricht. (Test durch Kippen des Stocks bis zum Auge)

3. Peile über das Stockende den höchsten Punkt des Baumes an. Entferne dich dabei so weit vom Baum, bis dein Blick über den Stock bis zum Baumwipfel eine Linie ergibt.

4. Miss nun den Abstand von deinem Standpunkt bis zum Baum und addiere deine Körpergröße dazu. Das Ergebnis entspricht der Baumhöhe.

© Cornelsen Verlag Scriptor, Berlin • Fundgrube Erdkunde

6.4 Versuche im Gelände

In vielen Fällen sind Versuche und Untersuchungen im Gelände arbeits-
und materialaufwändig. Das große Interesse der Schüler an Versuchen und
die Behaltenswirkung sind aber Grund genug, diesen Aufwand in Kauf zu
nehmen. Beides lässt sich auch leicht am Ende eines Schuljahres nachwei-
sen (Welche Freilanduntersuchungen haben wir im Laufe des Schuljahres
durchgeführt? Was haben wir damit herausgefunden?).
Darüber hinaus steht der Geographieunterricht durch die zunehmende
Vernetzung in Fächerverbünden vor der Herausforderung, sich zu positio-
nieren. Hier ist deutlich zu machen, dass bei bestimmten Themenbereichen
(z. B. Wald, Böden) nicht nur biologische, sondern auch geographische Fragestellungen (z. B. zu Erosion, Grundwasserverbrauch) Anlass sind, Analy-
sen durchzuführen.

Bodenuntersuchungen

Das Thema Landwirtschaft (im Nahraum) ist schon längst kein langwei-
liges Unterrichtsthema mehr. Neben Exkursionen und aktuellen, kontro-
versen Themen (Gentechnik, Bioanbau, artgerechte Tierhaltung ...) sind
auch die Grundlagen der Landwirtschaft ein interessanter Untersuchungs-
gegenstand.
Die Fragestellung „Warum wächst die Pflanze ... nicht an diesem Standort?" lässt sich häufig schon mit einer einfachen Analyse von Bodenproben
beantworten: Der „richtige" Boden ist wichtig! Ausschlaggebend sind hier
die Beschaffenheit des Bodens (Bodenart), die enthaltenen Nährstoffe, die
Bewässerung und der Säuregrad (pH-Wert).

Ermittlung des Säuregrads

Der pH-Wert kann mit Hilfe elektrischer Messgeräte und durch die Farb-
reaktion eines Indikators (Flüssigkeit oder Papierstreifen) bestimmt werden. Neben technisch hochwertigen Geräten gibt es für den Unterricht
auch einfache Hilfsmittel zur Ermittlung des pH-Werts.
Bei der *Messung mit Indikatorflüssigkeit* (hier Modell Hellige) wird so vorgegangen: Man gibt eine kleine Bodenprobe aus etwa 10 cm Bodentiefe in
die runde Vertiefung des pH-Meters und durchfeuchtet sie mit Indikatorflüssigkeit (verrühren). Nachdem die Flüssigkeit zwei bis drei Minuten ein-

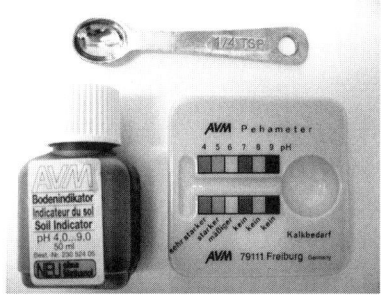

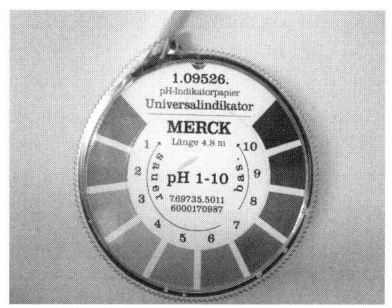

Boden-pH-Meter (Modell Hellige)   *pH-Indikatorstreifen (Bezug: Apotheke)*

gewirkt hat, neigt man das pH-Meter und lässt die überschüssige Flüssigkeit in die Längsrinne laufen. Der Vergleich mit der Farbpalette gibt den Säuregrad als pH-Wert an. (Bestelladresse für das Hellige-pH-Meter: AVM Müller Analyseverfahren, Waltershofener Str. 7, 79111 Freiburg, Tel. 0761-45560-0; mit ausführlichem Begleitheft „Richtiger Boden – gute Erträge")
Bei der *Messung mit Indikatorstreifen* sollte pro Bodenart ein Esslöffel Boden in ein Glas (0,2 l) gegeben werden. Das Glas wird dann zur Hälfte mit destilliertem Wasser (pH-neutral) aufgefüllt, der Inhalt wird durchmischt und gefiltert. In die Restflüssigkeit hält man den Indikatorstreifen und liest danach den Wert ab.

Bedeutung der Werte

Farbe	pH-Wert	Boden	Kalkbedarf
rot	4	stark sauer	sehr hoch
orangerot	5	sauer	hoch
gelb	6	schwach sauer	mäßig
olivgrün	7	neutral	kein
grün	8	alkalisch	kein
blaugrün	9	stark alkalisch	kein

Bei der Auswahl der Bodenproben sollte man auf unterschiedliche Entnahmestellen achten: Sandboden, Blumenerde und Waldboden ergeben deutlich unterschiedliche Messergebnisse.

Auch die Wirkung von Umwelteinflüssen (z.B. Abgase, Bodenversauerung) lässt sich diesem Zusammenhang verdeutlichen. Veränderte Werte werden gemessen, wenn man Essig bzw. Seifenlauge auf die Bodenproben gibt (vgl. BAYRISCHES STAATSMINISTERIUM FÜR LANDWIRTSCHAFT UND FORSTEN 2001).

Bodenprobe	pH-Wert	pH-Wert nach Essig-Zugabe	pH-Wert nach Zugabe von Seifenlauge
1			
2			
3			

Messung des Säuregrads verschiedener Baumstandorte

Bei dieser Untersuchung wird der Säuregrad des Humus bestimmt, der unter verschiedenen Baumarten entnommen wird. Die Schüler erkennen anhand der Messergebnisse, dass die Bodensäure durch menschliche Einwirkungen (z.B. Baumartenauswahl, Säureeintrag) beeinflusst werden kann.

Dauer: 30 bis 60 Minuten

Material: Hellige-pH-Meter oder pH-Indikatorstäbchen, destilliertes Wasser, kleiner Eimer, Schaufel (oder Bohrstock)

Ablauf: Es werden verschiedene Standorte ausgewählt (vgl. Standorte unterschiedlicher Baumarten), von denen Bodenproben genommen werden. Der pH-Wert dieser Proben wird bestimmt und die festgestellten Werte werden verglichen. Anschließend stellen die Schüler Vermutungen über die Ursachen an.

Hinweis: Falls kein pH-Meter vorhanden ist, können auch pH-Indikatorstäbchen/-streifen eingesetzt werden (destilliertes Wasser zum Aufschäumen verwenden).

Vertiefungsthemen: Bodenversauerung, Schwermetalle, Luftschadstoffe.

Hintergrundinformationen: Boden-pH-Wert

Liegt der pH-Wert unter 7, ist die Probe sauer (wie z.B. auch Essig und Obstsäfte), liegt er über 7, ist der Boden basisch bzw. alkalisch (wie z.B. Seife). Neutrale Proben haben einen Wert von 7.

Viele Pflanzen bevorzugen einen bestimmten pH-Bereich, weil der pH-Wert des Bodens die Verfügbarkeit der Nährsalze beeinflusst. Wird ihr Idealbereich über- oder unterschritten, ist für die meisten Pflanzen ein normales Wachstum nicht möglich. Landwirte und Gärtner ermitteln deshalb den pH-Wert des Bodens und geben bei Bedarf Kalk zu, um den pH-Wert anzuheben und größere Erträge (oder schönere Pflanzen) zu erzielen.

Saurer Regen (pH-Wert unter 5) führt zu einer Senkung des Boden-pH-Werts und kann damit zu einem vermehrten Waldsterben beitragen (s.u., bevorzugte pH-Werte von Bäumen).

Pflanzen	bevorzugter pH-Wert	Pflanzen	bevorzugter pH-Wert
Bäume		*Acker- und Gartenpflanzen*	
Kiefer	4,0 – 6,0	Hafer	5,0 – 7,0
Tanne, Birke, Eiche	5,0 – 6,0	Roggen	5,5 – 7,0
Linde, Pappel, Buche	6,0 – 8,0	Weizen, Gerste	6,5 – 7,5
		Kartoffeln	5,0 – 6,5
Obstbäume		Gurken	5,5 – 7,0
Apfel, Birne, Kirsche	6,0 – 7,5	Tomaten	5,5 – 7,5
Sauerkirsche	6,0 – 7,0	Karotten	6,0 – 7,0
Walnuss	6,0 – 8,0	Erbsen	6,0 – 7,5
Haselnuss	6,0 – 7,0	Spargel	6,5 – 8,0

Definition pH-Wert

Logarithmische Messzahl für die Wasserstoffionenkonzentration in Lösungen: pH = -log Konzentration H+ (gH+/1). Der pH-Wert kennzeichnet die basische, neutrale oder saure Reaktion von Bodenlösungen oder Wässern. Die Säurekonzentration wirkt sich auf nährstoffhaushaltliche Prozesse und Verwitterungsvorgänge aus und ist ein Indikator für die ökologischen Bedingungen von Standorten und den genetischen Zustand von Böden.

(Vgl. LESER 2005, S. 674)

Definition Bodenversauerung

Prozess der Konzentrationszunahme der freien Wasserstoffionen im Boden. Die Bodenversauerung ist meist fortschreitend und wird durch gleichzeitige Produktion von H+-Ionen und Verluste basisch wirkender Austauschaktionen gefördert. Die mengenmäßig größten Verluste erleidet der Boden durch Auswaschung mit dem Sickerwasser. Aktive H+-Ionenproduktion findet durch die Atmung (Kohlendioxid bildet mit Wasser Kohlensäure), die Humifizierung (Bildung von Humussäuren) und die Oxidation von Schwefel- und Stickstoffverbindungen statt.

(Vgl. LESER 2005, S. 117)

Wasserverbrauch, Grundwasserspiegel und Wasserversorgung von Bäumen

Dieser Demonstrationsversuch verdeutlicht Ursachen für das Absinken des Grundwasserspiegels und die Auswirkungen für Bäume.

Dauer: ca. 10 Minuten

Material: Eimer (am besten durchsichtig), dünne Schläuche (Meterware im Baumarkt), Schöpflöffel/Becher, Gießkanne, Funktionskarten (Flachwurzler, Wasserverbraucher wie z.B. Industrie, private Haushalte …)

Ablauf: Die Teilnehmer erhalten eine bestimmte Funktion (Flachwurzler, Pfahlwurzler, Wasserverbraucher, Regen) und eine Karte, auf der diese steht (umhängen, ankleben).

● Einige Schüler stellen verschiedene Baumarten (Flachwurzler, Pfahlwurzler) dar, jeder „Baum" erhält einen Schlauch und hält ihn entsprechend tief in den Eimer.

● Die anderen Schüler symbolisieren Wasserverbraucher (z.B. Industrie, Siedlungen, Gartenanlagen), jeder Wasserverbraucher erhält einen Schöpflöffel.

● Ein Schüler symbolisiert den Regen (Gießkanne).

Alle Bäume und alle menschlichen Verbraucher benötigen Wasser und holen es aus dem Grundwasser (Eimer): Die Bäume ziehen mit ihren Wurzeln das Wasser heraus (mit den Schläuchen wird Wasser angesaugt). Die Verbraucher schöpfen sich ihren Teil des Wassers heraus. Dazwischen regnet es und der „Grundwasserspiegel" steigt wieder an.

Folgen: Am Anfang bekommt jeder genug Wasser. Bei sinkendem Wasserspiegel vertrocknen die Flachwurzler. Sollte der Grundwasserspiegel weiter absinken, vertrocknen auch die Bäume mit tiefen Wurzelsystemen.

Hintergrundinformation: Flach- und Pfahlwurzler

Flachwurzler sind z. B. Fichte, Weide, Birke, Hainbuche, Pappel.
Ihre Wurzeln breiten sich tellerförmig in den oberen Bodenschichten aus.

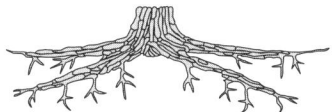

Flachwurzler wie Fichten sind anfällig für Windwurf

Pfahlwurzler sind z. B. Kiefer, Wacholder, Eiche, Esche, Lärche.
Sie besitzen eine starke Hauptwurzel, die tief in den Boden hineinwächst, und nur wenige Seitentriebe. Dadurch ist ihnen das Wasser- und Nährstoffangebot tieferer Bodenschichten zugänglich.

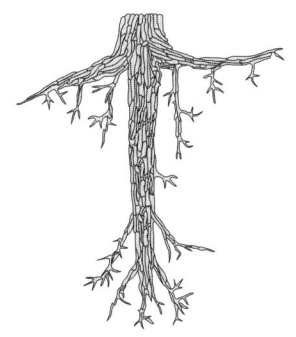

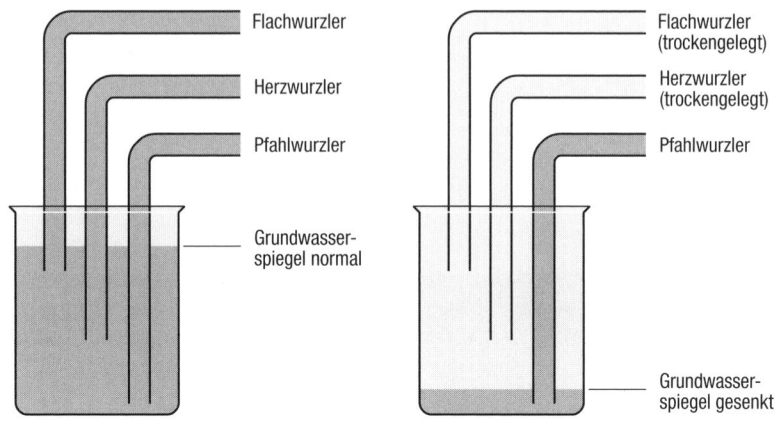

Versuchsanordnung: Wasserverbraucher und Grundwasserspiegel

Vertiefungsthemen: Probleme der Kanalisation, Entwässerung von Moorgebieten und Feuchtflächen, Verrohrung, Drainage und auch Wasserqualität.

Erosionsversuch

Dieser Versuch eignet sich für den Einstieg in das Thema Erosion und verdeutlicht die Funktionen des Waldbodens. Verglichen wird bepflanzter und unbepflanzter Waldboden im Hinblick auf die Erosion durch Wasser (z.B. starke Regenfälle, Schneeschmelze).

Dauer: ca. 20 Minuten

Material: 2 flache Kartons, Plastikfolie (feste Plastiktüte), Erdreich, Moose, Pflanzenmaterial, 3 Messbecher, 2 Küchensiebe, Wasser

Vorbereitung: Kartons mit Folie auslegen, Ausfluss für Wasserabfluss einbauen (dazu ein Dreieck aus der Seitenwand ausschneiden, Ausflussstück mit Klebeband anbringen). Nun wird eine Kiste nur mit unbewachsenem Boden gefüllt, die andere mit bewachsenem Waldboden (inkl. Moos).

Ablauf: Die Kisten nebeneinander mit einer Neigung von ca. 45° aufstellen (unter den Ausfluss muss jeweils ein Messbecher passen). In beide Kisten die gleiche Menge Wasser einfüllen (0,5 bis 1 Liter, je nach Größe der Kartons) und die ausfließende Menge im Messbecher mit aufliegendem Küchensieb auffangen (→ Abb. S. 207).

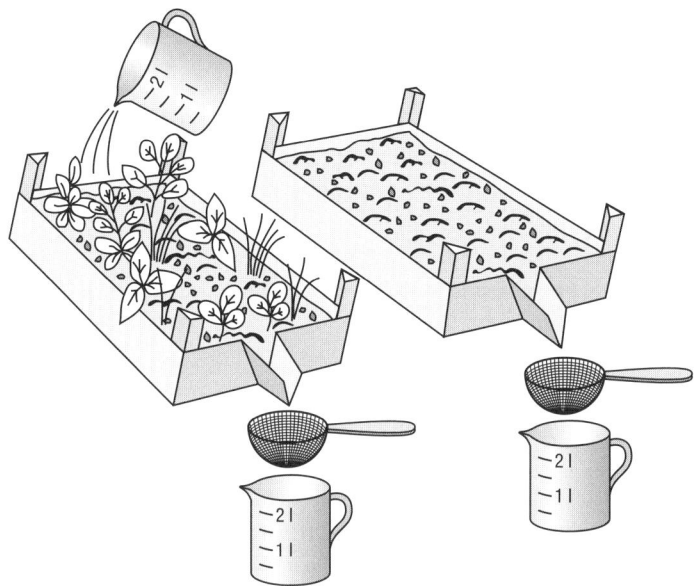

Versuchsaufbau: Erosion bei bepflanztem und unbepflanztem Waldboden

Starke Erosion bei unbepflanztem Waldboden

Ergebnis: Der bewachsene Boden speichert einen Großteil des Wassers, hier gelangt weniger Wasser in den Auffangbecher, es läuft langsamer ab, das aufgefangene Wasser ist viel klarer, im Küchensieb befindet sich kaum Erde. In der Kiste mit dem unbewachsenen Boden ist die Erosion deutlich zu erkennen, fast das gesamte Wasser läuft schnell ab, und im Messbecher befindet sich stark verschmutztes Wasser, der erodierte Boden liegt im Sieb – und wo liegt er in der Realität?

Vertiefungsthemen: Gefahren durch Erosion, Schutzfunktion des Waldes, Erosionsgefährdung verschiedener Standorte.

Definition Erosion
Erosion ist ein Sammelbegriff für Abtragung (im weiteren Sinne). Erosion bezeichnet in Europa vor allem den linearen Abtrag durch Fließwasser (Fluvialerosion) und Gletscher (Glazialerosion).
(Vgl. LESER 2005, S. 201)

Bodenverdichtung und Sickergeschwindigkeit

Dieser Demonstrationsversuch verdeutlicht, welche Auswirkungen die Bodenverdichtung auf die Sickergeschwindigkeit des Wassers hat.

Zeit: ca. 30 Minuten

Material: 2 Konservendosen (beidseitig geöffnet), Wasser (1 Liter), Messbecher, Uhr mit Sekundenanzeige, Brett, Hammer

Vorbereitung: Es werden zwei Standorte ausgewählt: einer mit lockerem Boden, ein zweiter mit stark verdichtetem Boden (z.B. Fahrspur/Waldweg). Die offenen Konservendosen (Röhren) werden auf halber Höhe markiert.

Ablauf: An beiden Standorten wird die Humusschicht entfernt. Die Konservendosen werden mit Hilfe von Brett und Hammer bis zur Hälfte in den Boden geklopft. Nun wird in beide Dosen 0,5 l Wasser gefüllt und die Zeit gestoppt, bis das Wasser versickert ist.

Ergebnis: Das Wasser fließt am verdichteten Standort (z.B. Fahrspur) nicht unterirdisch ab.

Vertiefungsthemen: Auswirkungen der Verdichtung und Versiegelung von Böden.

6.5 Lehrpfade – ein Bewertungskatalog

Manchmal versprechen die Beschreibungen von Lehrpfaden auf den Faltblättern der Fremdenverkehrsämter viel und scheinen so gut zum Unterrichtsthema zu passen, dass man meint, auf die Vorexkursion verzichten zu können. Doch die Erfahrung lehrt immer wieder: Es ist unbedingt notwendig, vorab den gesamten Lehrpfad zu begutachten – genauso wie bei Filmen und anderen Unterrichtsmaterialien auch. Denn eine gute Verpackung enthält nicht immer den „idealen" Inhalt für den eigenen Unterricht. So kann es vorkommen, dass Lehrtafeln erneuert wurden, der Lehrpfad eher die Flora und Fauna behandelt als geographische Aspekte oder auch ganz andere Inhalte auf den Tafeln behandelt werden, als der Titel nahelegt.

Für den Unterricht können Lehrkräfte aus Zeit- und Kostengründen keine eigenen Geo-Lehrpfade erstellen. Werden vorhandene Lehrtafeln aber durch eigene Arbeitsaufträge ergänzt, kann eine geographische Lehrpfad-Exkursion sehr lohnend sein.

Der Bach

Der Lehrer
Nimmt den Bach durch.
Er zeigt ein Bild.
Er zeichnet an die Wandtafel.
Er beschreibt.
Er schildert.
Er erzählt.
Er schreibt auf.
Er gibt eine Hausaufgabe.
Er macht eine Prüfung.

Hinter dem Schulhaus
fließt munter
Der Bach vorbei. Vorbei

Heinrich Schulmann

Checkliste für Lehrpfade

Wegstrecke
- ☐ Kennzeichnung des Weges
- ☐ Dauer der Wegstrecke (ohne Standortarbeit/Arbeit mit Lehrtafeln)
- ☐ Zugänglichkeit der Objekte
- ☐ Begehbarkeit der Wege (Wettereinflüsse)
- ☐ Wartung des Lehrpfades
- ☐ Abkürzung des Pfades
- ☐ Verhältnis von Länge des Weges zur Anzahl der Objekte
- ☐ geeignete Jahreszeit (z.B. bei landwirtschaftlichen Lehrpfaden)
- ☐ ...

Eignung der Standorte
- ☐ Wahl der Standorte für die Tafeln
- ☐ Aufforderungscharakter der Standorte
- ☐ Anregung zu weiteren Tätigkeiten (außer dem Lesen der Tafeln)
- ☐ Darstellung (Skizzen/Abbildungen) auf den Tafeln
- ☐ Bezug zum Unterrichtsthema
- ☐ ...

Verständlichkeit: Texte, Abbildungen etc. auf den Tafeln
- ☐ Länge und Ausführlichkeit des Textes
- ☐ verständliche Sprache
- ☐ inhaltliche Korrektheit
- ☐ verständliche Abbildungen/Grafiken
- ☐ ...

Die zentrale Frage
- ☐ Was bietet der Lehrpfad, was der Unterricht im Klassenzimmer nicht anbieten kann? (Mehrwert – Lohnt sich der Besuch des Lehrpfades?)

6.6 Wirtschaftsgeographische Betriebserkundungen

Unternehmen bieten häufig eine Standard-Betriebsführung, die für den Vereinsausflug genauso angeboten wird wie für eine Schulklasse. Wenn man aber in einem Vorgespräch (Vorexkursion) die Ziele und Inhalte darlegt, die sich aus der Unterrichtsarbeit für die Betriebserkundung ergeben, und diese am besten einige Tage vorher dem Ansprechpartner im Betrieb schriftlich zukommen lässt, wird bei der Betriebserkundung meist auf die gewünschten Aspekte eingegangen.

Bei der Vorbereitung der Schulklasse kann die Konzentration auf einzelne Themen sinnvoll sein.

Betriebserkundungen ... sind häufig laut

Ablaufschema einer Betriebserkundung

Terminvereinbarung und Absprache zu Ablauf und Zielen
- mit dem Ansprechpartner im Betrieb
- mit der Schulklasse, Schulleitung und Kollegen
- mit den Eltern (Einverständnis, Kosten)

Vorbereitung im Unterricht
- Vorwissen aktivieren und ergänzen: Presseberichte/Internet
- Bilder/Luftbilder vom Standort/Konfliktgebiet
- Verortung auf einer topographischen Karte
- Entwicklung von Hypothesen und Fragen
- Weiterleitung der Fragen an den Betrieb (zur Vorbereitung auf das Gespräch)

Durchführung der Betriebserkundung
- Erkundung des Standorts: Fotodokumentation (Genehmigung!)
- Betriebsrundgang: Produktionsablauf
- Beantwortung der vorab entwickelten Fragen durch Beobachtung und gezieltes Nachfragen

Nachbereitung im Unterricht
- Zusammenfassung und Transfer (allgemeingültige Betriebsstrukturen erkennen)
- Anforderungen an Auszubildende
- Dokumentation der Betriebserkundung (Homepage)

Themenbeispiele
- Industriebetriebe/Gewerbebetriebe
- Flughäfen, Bahnhöfe
- Energieerzeuger (Kernkraftwerk)

© Cornelsen Verlag Scriptor, Berlin • Fundgrube Erdkunde

Mögliche Themenfelder einer Betriebserkundung

Aussehen, Größe
- Funktionale Gliederung (Lageplan)
- Produktionsablauf: Skizze zum „Weg des Produkts"

Topographie
- Lage des Werks: lokal, regional, global, weitere Betriebsstandorte

Standortfaktoren
- *Bedeutung der harten Faktoren:* Verkehrsanbindung, Arbeitsmarkt, Flächen-/Mietkosten, lokale Abgaben, Flächen-/Büroangebot, Branchenkontakte, Umweltschutzauflagen, Nähe zum Absatzmarkt, Fördermittel am Ort, Nähe zu Lieferanten, Hochschulen/Forschung
- *Bedeutung der weichen, unternehmensbezogenen Faktoren:* Wirtschaftsklima im Land, Wirtschaftsklima Stadt, Image Betriebsstandort, Stadt-/Regionalimage, Karrieremöglichkeiten
- *Bedeutung der weichen, personenbezogenen Faktoren:* Wohnen und Wohnumfeld, Umweltqualität, Schulen/Ausbildung, Freizeitwert, Reiz der Region, Reiz der Stadt

Wirtschaftliche Entwicklung
- Einfluss der Globalisierung, gesamtwirtschaftliche Lage
- Unternehmensgeschichte

Umweltaspekte
- Belastung der Umwelt durch die Produktion: Lärm, Abgase, Müll
- Belastung der Umwelt durch das Endprodukt
- Umweltschutzmaßnahmen bei der Produktion

Soziale Aspekte
- Arbeitssicherheit
- Teamarbeit, Mitarbeitermotivation

Verflechtungen – lokal, regional, global
- Zulieferer, Arbeitskräfte, Absatzmarkt

(verändert und erweitert nach AUDI AG 2001, S. 1)

Literatur

AUDI AG (Hrsg.) (2001): Audi macht Schule. Kennzeichen eines modernen Automobilunternehmens. Materialien für Betriebserkundung und Unterricht. Ingolstadt

BAYRISCHES STAATSMINISTERIUM FÜR LANDWIRTSCHAFT UND FORSTEN (Hrsg.) (2001): Forstliche Bildungsarbeit. Waldpädagogischer Leitfaden nicht nur für Förster. München (Bestellung über: www.forst.bayern.de/erlebnis_wald/waldpaedagogik/)

BEYER, L./HEMMER, M. (1997): Perspektiven-Wechsel – Geographische Exkursionen im Lehramtsstudiengang. In: Rundbrief Geographie 140, S. 1–4

CORNELL, J. B. (1991): Mit Freude die Natur erleben. Mühlheim

HEMMER, M. (1996): Grundzüge der Exkursionsdidaktik und -methodik. In: Bauch, J. u. a. (1996): Exkursionen im Naturpark Altmühltal. Herausgegeben vom Informationszentrum Naturpark Altmühltal. Eichstätt

HEMMER M. (2005): Übersicht Berlinexkursion, Kapitel 9: Grundzüge der Exkursionsdidaktik. www.ifdg.uni-muenster.de/Berlinexkursion.htm (10.10.2006)

HENNINGS, W./KANWISCHER, D./RHODE-JÜCHTERN, T. (Hrsg.) (2006): Exkursionsdidaktik innovativ!? Geographiedidaktische Forschungen Bd. 40. Weingarten

LESER, H. (Hrsg.) (2005): Diercke Wörterbuch Allgemeine Geographie. Braunschweig

7 Nützliche Adressen

Yvonne Schleicher und Karsten Jonas

„Hatten Sie neulich auf der Messe auch diese tolle CD des großen deutschen Energieversorgers in der Hand, mit den wunderbaren Bildern aus dem Tagebau? Wie komme ich da bloß ran? Und die Internetadresse mit den nützlichen GIS-Tools fällt mir auch nicht mehr ein …"

So erging es sicher schon vielen von Ihnen – Sie wissen genau, was Sie suchen, aber nicht mehr, wo Sie es finden können. Hier kann auch eine Internetsuchmaschine nur sehr begrenzt Abhilfe schaffen, ist die Anzahl der Treffer zu einem Suchbegriff doch oftmals so groß, dass man alles findet, aber nicht das, was man eigentlich sucht. Daher haben wir hier eine Sammlung nützlicher Adressen zusammengestellt, die das Finden von aktuellen und hilfreichen Informationen erleichtern oder auch neue Anregungen für den eigenen Unterricht geben. Außerdem finden Sie hier Hinweise auf günstige bzw. kostenlose Hilfen für den Unterricht.

7.1 Datenbanken und Plattformen

Aufsatz-Datenbank

▶ URL: www.geodok.uni-erlangen.de/

Die Datenbank GEODOK wird vom Institut für Geographie der Universität Erlangen erstellt und ist für die Vorbereitung von Unterrichtsstunden eine ideale Ausgangsbasis, um vor allem die in Zeitschriften veröffentlichten Beiträge schnell zu überblicken. Alle gängigen fachdidaktischen und fachwissenschaftlichen Zeitschriften der Geographie werden darin erfasst (Praxis Geographie, geographie heute, Geographie und Schule, Geographische Rundschau, National Geographic Deutschland …).

Die Suche mit GEODOK ist einfach (z.B. Autor oder Thema eingeben) und ermöglicht es auch, mehrere Themen kombiniert abzufragen.

Lehrer-Online

▶ URL: www.lehrer-online.de/dyn/18.htm

Navigation: Sekundarstufen – Naturwissenschaften – Geographie

Auf diesen Seiten finden Sie neben didaktischen Kommentaren zu Softwareangeboten auch viele erprobte Unterrichtsbeispiele zur Verwendung digitaler Medien im Geographieunterricht.

Themenbeispiele:

- Jahreszeiten und Wetter
- Atmosphäre und Klima
- Geologie und Geomorphologie
- Stadt- und Siedlungsgeographie
- Wirtschafts- und Sozialgeographie
- Bevölkerungsgeographie
- Entwicklungsländer

Plattformen für medienpädagogische Themen

▶ URL: www.mediaculture-online.de/Unterrichtsmodule.558.0.html

Hier finden Sie Unterrichtsmodule zur Medienerziehung und Medienbildung mit Materialien und weiterführenden Hinweisen, um entsprechende Unterrichtsvorhaben vorzubereiten und umzusetzen.

▶ URL: www.bmbf.de/pub/nmb_kursbuch.pdf

Das „Kursbuch eLearnining 2004" bietet einen Überblick über webbasierte und multimediale Lernmodule, Multimedia-Werkzeuge und digitale Wissensressourcen, deren Entwicklung vom BMBF gefördert wurde.

▶ URL: www.gmk-net.de/

Gesellschaft für Medienpädagogik und Kommunikationskultur

▶ URL: www.medienpaedagogik-online.de/mk/00484/index.html

Handbuch Medien. Medienkompetenz. Modelle und Projekte

▶ URL: www.medienpaed.com/

Medienpädagogik. Onlinezeitschrift

▶ URL: www.medienpaedagogik-online.de/

Medienpädagogik online. Bundeszentrale für politische Bildung

GIS in der Schule

▶ URL: www.gis.uni-kiel.de

LearnGIS!-School bietet eine Plattform für den GIS-Einsatz im Geographieunterricht. In Zusammenarbeit mit dem Institut für Qualitätsentwicklung an Schulen Schleswig-Holstein (IQSH) stellt das Geographische Institut der Universität Kiel hiermit die Basis für einen Austausch zwischen Lehrern zur Verfügung. Die Plattform bietet außerdem Materialien, Links, Literaturtipps, aber auch ganze Unterrichtseinheiten sowie GIS-Fortbildungsangebote für interessierte Lehrkräfte.

Hinweise auf einige kostenlose webbasierte GIS-Angebote finden Sie in Kapitel 5 (→ S. 151 ff.).

7.2 Hilfreiche Freeware, günstige Software

Viele mediendidaktische Ideen scheitern im Geographieunterricht oder während der Hausarbeiten oftmals an nicht vorhandener oder zu teurer Software. Für zahlreiche gängige Anwendungsgebiete gibt es jedoch kostenlose oder sehr günstige Lösungen, die für die schulische Arbeit genutzt werden können.

Office-Anwendungen

OpenOffice

▶ URL: www.openoffice.org

Dieses Programm bietet alle Funktionen kostenpflichtiger Vergleichsprodukte (z. B. Textbearbeitung, Tabellenkalkulation, Präsentation) sowie eine integrierte Konvertierung von Dokumenten in das plattformunabhängige PDF-Format.

Bildbearbeitung und -betrachtung

Gimp

▶ URL: www.gimp.org/downloads/

Dieses Programm enthält zahlreiche Möglichkeiten der digitalen Bildbearbeitung.

IrfanView
▶ URL: www.irfanview.com/ oder www.irfanview.de
Dieses einfach zu bedienende Bildbetrachtungsprogramm liest zudem nahezu jedes Bildformat und ermöglicht das Erstellen von Windows-Icons.

Tonbearbeitung
Audacity
▶ URL: www.audacity.de/
Dieses Programm ermöglicht das Aufnehmen und exakte Schneiden von Sounddateien (z. b. Hörspiele) sowie einen Export der Ergebnisse als WAV-oder MP3-Datei (für MP3 Zusatzmodul notwendig, auch kostenlos).

Wave-Recorder
▶ URL: www.waverec.de
Sehr einfache Aufnahmesoftware ohne Schnittmöglichkeit (dafür mit Timer), um z. b. Radiosendungen etc. mitzuschneiden.

Flash-Animationen
SWiSH, SWiSH lite
▶ URL: www.swishzone.com/index.php?area=downloads
Animationen lassen sich mit diesem Tool schnell und einfach erstellen, bei eingeschränktem Funktionsumfang kostenlos.

Videobearbeitung
Pinnacle Studio 9
▶ URL: www.pinnaclesys.com/ProductPage_n.asp?Product_ID=1501& Langue_ID=4
Sehr gut nutzbare Software zum Schneiden und Bearbeiten digitaler Videos mit vielen Funktionen und Effekten. Als Schulversion kostengünstig (Nachweispflicht) zu beziehen über: www.tendi.de; als kostengünstige OEM-Version (ohne Handbuch und Verkaufsverpackung) zu beziehen über: www.diesoftwareagentur.de/pinnacle_studio_9_oem.htm.

7.3 Kostenlose Fortbildungen und Führungen

Online-Lehrerfortbildungen

▶ URL: www.echtzeitfortbildung.de

Fortbildung Online, eine Einrichtung des Instituts für Qualitätsentwicklung an Schulen Schleswig-Holstein (IQSH), bietet Lehrkräften aus allen Bundesländern sowie Lehrkräften von deutschen Schulen im Ausland kostenlose, synchrone Onlinefortbildungen zu zahlreichen schulischen Themen an.

Die Angebotspalette reicht vom Stressmanagement über die digitale Medienbearbeitung bis hin zu fächerspezifischen Themen (auch Geographie). Neben einem PC mit Internetzugang und einem Headset benötigen interessierte Lehrkräfte lediglich die kostenlose Teilnehmersoftware, die auf der übersichtlich gestalteten Website heruntergeladen werden kann. Bei den interaktiven, sorgfältig vorbereiteten und inhaltlich fundierten Fortbildungen von jeweils 60 bis 90 Minuten Dauer kommen unter anderem audiovisuelle Medien, Vorträge, Webtouren und digitale Handouts zum Einsatz. Auf der Website finden sich weitere Informationen, das aktuelle Programm sowie technische Hilfen.

Führungen durch die Hamburger Hafencity

▶ URL: www.hafencity.com

Eine Bereicherung für eine Stadtexkursion in Hamburg ist eine geführte Tour durch die Hafencity, ein Gebiet, das in kürzester Zeit einen enormen Strukturwandel erfahren hat. Nähere Informationen auch unter: HafenCity GmbH, Am Sandtorkai 1, 20457 Hamburg, Tel. 0 40-37 47 26 31.

Übersicht: Stufenzuordnung der Unterrichtsanregungen

Sachregister

Namenregister

Bildnachweis

S.11: R. Beier, Berlin; S.22, oben: R.J. Fischer, Berlin; S.41: Hennes und Mauritz, Hamburg; S.65 u. 67 oben: Deutsche Stiftung Weltbevölkerung, Hannover; S.87: Flughafen Friedrichshafen GmbH; S.99: aus: Praxis Geographie, H. 11. S.47, © Bildungshaus Schulbuchverlage Westermann Schroedel Diesterweg Schöningh Winklers GmbH, Braunschweig; S.158: Graphic by David Coronado, © Association of American Geographers; S.163: Ernst Klett Schulbuchverlag Leipzig GmbH; S.192: R.J. Fischer, Berlin; S.193: S. Kruse, Baldham; alle weiteren Fotos von den Autoren

Nicht alle Copyright-Inhaber konnten ermittelt werden. Deren Urheberrechte werden hiermit vorsorglich und ausdrücklich anerkannt.

Fundgruben für Ihren Unterricht

Nachschlagewerke für jeden Tag

Wer neue Ideen für seinen Unterricht sucht, findet hier eine Fülle von Anregungen und Materialien.

1. Für den Fachunterricht

ISBN 978-3-589-

Fundgrube Biologie (Neue Ausgabe)	22186-8
Fundgrube Deutsch (Neue Ausgabe)	22176-9
Fundgrube Englisch (Neue Ausgabe)	22187-5
Fundgrube Englisch handlungsorientiert (Neue Ausgabe)	22184-4
Fundgrube Erdkunde (Neue Ausgabe)	22183-7
Fundgrube Ethik und Religion (Neue Ausgabe)	22180-6
Fundgrube Französisch (Neue Ausgabe)	22182-0
Fundgrube Kunst (Neue Ausgabe)	22179-0
Fundgrube Mathematik (Neue Ausgabe)	22185-1
Die Fundgrube für den Musik-Unterricht (mit CD)	21128-9
Die Fundgrube für den Physik-Unterricht	21078-7
Fundgrube Sport (Neue Ausgabe)	22189-9
Fundgrube Geschichte (Neue Ausgabe)	22177-6

2. Fachübergreifende Titel

Fundgrube Methoden I - Für alle Fächer	22149-3
Fundgrube Methoden II - Für Deutsch und Fremdsprachen	22170-7
Fundgrube Klassenlehrer (Neue Ausgabe)	22188-2
Fundgrube Vertretungsstunden (Neue Ausgabe)	22175-2
Die Fundgrube für Spiele	21651-2
Die Fundgrube für Denksport und Rätsel	22055-7

Fragen Sie bitte in Ihrer Buchhandlung!